WILLIAMS-SONOMA

PESCADOS Y MARISCOS

RECETAS Y TEXTO

CAROLYN MILLER

EDITOR GENERAL

CHUCK WILLIAMS

FOTOGRAFÍA

MAREN CARUSO

TRADUCCIÓN

LAURA CORDERA L.
CONCEPCIÓN O. DE JOURDAIN

CONTENIDO

PARRILLADAS DE VERANO

SOPAS Y GUISADOS

OCASIONES ESPECIALES

INTRODUCCIÓN

Preparar pescados y mariscos puede suponer únicamente abrir una ostra fresca para disfrutarla acompañada de una salsa mignonette de cítricos. Incluso los platillos más tradicionales hechos con pescados y mariscos, como la langosta cocida con mantequilla derretida o el salmón con salsa de eneldo, son sumamente fáciles de preparar y, sin embargo, proporcionan impresionantes y deliciosos resultados. Ya sea que ase, fría, ase a la parrilla, cueza al vapor o hierva a fuego lento en un delicioso guisado o chowder, los pescados y mariscos preparados de forma sencilla son una bendición para cualquier cocinero.

Nos gustaría compartir con usted en las páginas de este libro algunos de estos sencillos pero versátiles platillos de pescados y mariscos. Una sección de temas básicos en la parte posterior del libro proporciona consejos indispensables, incluyendo la forma de elegir los pescados y mariscos más frescos y la forma de cocinarlos. Desde el delicioso platillo francés de mejillones a la marinera y la aromática paella de mariscos española hasta un sofrito asiático con camarones y espárragos, cada cultura tiene sus platillos preferidos hechos con pescados y mariscos. Lo invito a que pruebe las recetas de este libro para que descubra sus favoritas, las cuales espero que aparezcan a menudo en su mesa.

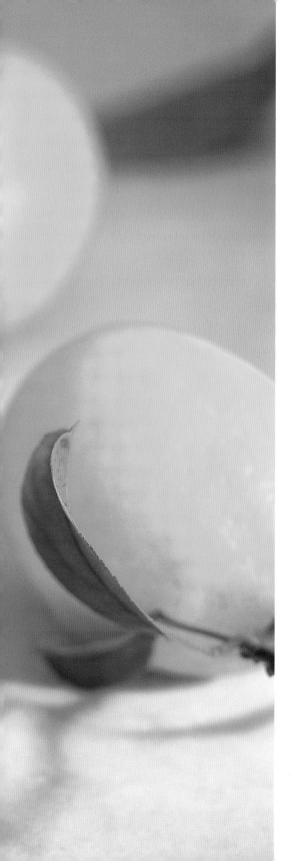

LAS CLÁSICAS

Desde las sencillas pero lujosas ostras hasta la deliciosa langosta Termidor, las recetas que presentamos a continuación son las recetas favoritas que han resistido la prueba del tiempo. Las botanas y platos principales que se presentan en este capítulo incluyen un delicioso platillo francés de mejillones cocinados en vino blanco, además de las tortitas de cangrejo, un platillo favorito en los Estados Unidos.

OSTRAS CON SALSA MIGNONETTE DE CÍTRICOS

Para hacer la salsa mezcle en un tazón pequeño el vinagre, ralladura y jugo de mandarina, chalote y berro. Sazone con sal y pimienta al gusto. Mezcle.

Llene un tazón grande y poco profundo ó 4 platos soperos con hielo picado. Vierta la salsa en 4 tazones pequeños.

Ponga una ostra abierta en cada una de las bases que reservó. Coloque las ostras, dentro de su base, sobre el hielo picado. Adorne el hielo con las ramas de berro. Sirva de inmediato acompañando con un tazón de salsa para que los comensales puedan servir una cucharada de salsa sobre cada ostra antes de comérsela.

Nota: La salsa francesa mignonette clásica servida con ostras es una mezcla de vinagre, chalotes, sal, pimienta y otro líquido ácido ya sea vino o jugo de limón. La salsa toma su nombre del término francés dado a la pimienta molida grueso.

RINDE 4 PORCIONES SERVIDO COMO PLATO PRINCIPAL

ABRIENDO OSTRAS

Para abrir las ostras se necesitan los utensilios adecuados y un poco de paciencia. Necesitará un cuchillo para ostras y un guante pesado o un guante térmico para horno. Detenga una ostra con su mano enguantada, colocando el lado redondo hacia abajo y la orilla puntiaguda hacia usted. Inserte la punta del cuchillo por debajo de la bisagra, dentro de la pequeña abertura que queda entre las valvas. Retire el cuchillo de la bisagra y gire hasta que la ostra se abra. Coloque el cuchillo en la punta redonda y corte el músculo superior que las une y gire para retirar la valva superior. Pase el cuchillo por debajo de la ostra para cortar el músculo inferior que las une.

PARA LA SALSA MIGNONETTE DE CÍTRICOS:

$1/2$ taza (125 ml/4 fl oz) de vinagre de champagne

Ralladura y jugo de 1 mandarina grande, naranja sangría o naranja Valencia

1 chalote, finamente picado

2 cucharadas de berro o perejil liso (italiano) fresco, finamente picado

Sal de mar y pimienta recién molida

Hielo picado, para acompañar

16 ostras grandes ó 24 ostras pequeñas, talladas y abiertas (vea explicación a la izquierda), reservando las bases

Ramas de berro o perejil liso (italiano) fresco, para decorar

MEJILLONES A LA MARINERA

4 cucharadas (60 g/2 oz) de mantequilla sin sal

3 dientes de ajo, finamente picados

2 chalotes grandes, finamente picados

1 poro pequeño, únicamente su parte blanca, finamente picado

1 cucharada de tomillo fresco finamente picado ó 1 cucharadita de tomillo seco desmenuzado

Ralladura de 1 limón

1 hoja de laurel

1 kg (2 lb) de mejillones negros grandes, enjuagados y sin barbas (vea explicación a la derecha)

1 taza (250 ml/8 fl oz) de vermouth blanco seco o vino blanco seco

Jugo de 1 limón

Pimienta recién molida

1/2 taza (20 g/3/4 oz) de perejil liso (italiano) fresco, finamente picado

Rebanadas gruesas de pan campestre, ligeramente tostado, para acompañar

En una olla grande y gruesa de material no reactivo derrita 2 cucharadas de la mantequilla. Agregue el ajo, chalotes, poro, tomillo, ralladura de limón y hoja de laurel. Saltee aproximadamente 3 minutos, hasta que los chalotes y el poro estén traslúcidos. Añada los mejillones a la sartén, desechando aquellos que no se cierren al tacto, y bañe con el vermouth. Tape y eleve a temperatura alta. Cocine 4 ó 5 minutos, agitando la sartén con una mano y deteniendo la tapa con la otra, hasta que los mejillones se hayan abierto. Deseche los mejillones que no se hayan abierto. Deseche la hoja de laurel.

Apague el fuego y agregue las 2 cucharadas restantes de mantequilla al líquido de la sartén. Agite la sartén ligeramente hasta que se derrita la mantequilla. Integre el jugo de limón y espolvoree generosamente con pimienta. Esparza el perejil sobre los mejillones y agite la sartén una vez más.

Usando una cuchara ranurada divida los mejillones entre 4 tazones profundos para sopa precalentados. Vierta el líquido de la sartén sobre los mejillones, dividiéndolo uniformemente entre los tazones y sirva de inmediato, acompañando con el pan tostado para remojarlo en el líquido.

RINDE 4 PORCIONES SERVIDO COMO PLATO PRINCIPAL

PREPARANDO MEJILLONES

Los mejillones, por lo general, se venden remojados y tallados para retirar la arena y muchos de ellos vienen sin las "barbas" que ayudan a los mejillones a adherirse a las rocas. Simplemente enjuague los mejillones bajo el chorro de agua fría y, si fuera necesario, jale las barbas justo antes de cocinarlos. Los mejillones deben estar vivos cuando se cocinan. Algunas pescaderías le permitirán elegir sus propios mejillones; de lo contrario, pida a su pescadero que revise cada mejillón y deseche aquellos que no se cierren al tacto, una señal de que ya están muertos. Deseche los mejillones que no se abran después de haberlos cocinado.

TORTITAS DE CANGREJO CON ALIOLI DE LIMÓN

HACIENDO ALIOLI

El alioli, la mayonesa de ajo de la Provenza en Francia, puede acompañar cualquier patillo, desde vegetales crudos hasta una sopa de pescado. Al igual que la mayonesa, el alioli se puede hacer en una licuadora (usando un huevo entero en vez de usar una yema) aunque es fácil de hacer a mano. Únicamente recuerde batir la yema de huevo antes de agregar el aceite y añadir el aceite muy lentamente en un principio (una cuantas gotas a la vez) para que la yema pueda absorber el aceite y formar una mezcla suave. Si el alioli se corta bata una cucharada de él con una cucharada de mostaza preparada en un tazón precalentado e integre, batiendo el alioli cortado, una cucharada a la vez, hasta que se espese.

Para hacer el alioli muela el ajo con una pizca de sal usando un mortero con su mano. Agregue la yema de huevo y bata cerca de 15 minutos, hasta que esté espeso y pegajoso. Integre gradualmente el aceite de canola, batiendo, una gota a la vez, hasta que la salsa espese y después agregue en hilo delgado. Integre, batiendo, el aceite de oliva. Incorpore la ralladura y el jugo de limón. Sazone con sal y pimienta. Agregue más jugo de limón, si lo desea.

Retire los trozos de caparazón que hayan quedado en la carne de cangrejo y escurra en un colador hasta por 15 minutos, si fuera necesario. En un tazón mezcle la carne de cangrejo, cebollín, chalote, apio, crème fraîche, ralladura de limón, salsa Tabasco, sal y pimienta al gusto. Mezcle suavemente. En un tazón profundo bata la clara de huevo hasta que se formen picos duros e intégrela a la mezcla de cangrejo. Coloque la harina de maíz o polenta en un tazón poco profundo.

Tome 1/3 taza (45 g/1 1/2 oz) de la mezcla de cangrejo y haga una tortita plana. Repita la operación con la mezcla restante para hacer 6 tortitas de cangrejo, colocándolas sobre una pequeña charola de hornear. Usando una espátula de metal, pase cada tortita de cangrejo al tazón con harina de maíz o polenta y voltee con cuidado para cubrir uniformemente por todos lados. Vuelva a poner las tortitas sobre la charola para hornear y refrigere durante una hora; esto les ayudará a mantener su forma mientras se fríen.

En una sartén grande sobre calor medio caliente aproximadamente 6 mm (1/4 in) de aceite de canola hasta que brille. Agregue las tortitas en tandas y fría uno ó 2 minutos, hasta que se doren por ambos lados. Mantenga las tortitas de cangrejo calientes dentro de un horno a 95º C (200º F) mientras fríe las demás tortitas.

En un tazón mediano bata el aceite de oliva con el jugo de limón hasta incorporar por completo. Añada el berro y revuelva para cubrir. Agregue sal y pimienta al gusto y mezcle una vez más. Divida las hortalizas aderezadas entre 3 platos de ensalada ó 2 platos trinches. Divida las tortitas de cangrejo sobre las hortalizas y cubra cada una con una cucharada de alioli de limón. Sirva de inmediato.

Nota: El alioli contiene huevos crudos; vea la página 113.

RINDE 3 PORCIONES SERVIDO COMO PRIMER PLATO Ó 2 PORCIONES SERVIDO COMO PLATO PRINCIPAL

PARA EL ALIOLI DE LIMÓN:

11 dientes de ajo

Sal de mar y pimienta blanca

1 yema de huevo (vea Nota)

1/3 taza (80 ml/3 fl oz) de aceite de canola o de semilla de uva

2 cucharadas de aceite de oliva extra virgen

Ralladura de 1 limón

1 cucharada de jugo de limón fresco o al gusto

250 g (1/2 lb) de carne de cangrejo fresca, en trozo

1 cucharada de cebollín finamente picado

1 chalote, finamente picado

1/4 taza (45 g/1 1/2 oz) de apio en dados pequeños

2 cucharadas de crème fraîche o crema ácida

Ralladura de 1 limón

Salsa Tabasco

1 clara de huevo

Harina de maíz amarillo, cornmeal o polenta, para espolvorear

Aceite de canola, para freír

1 1/2 cucharada de aceite de oliva extra virgen

1 cucharada de jugo de limón

2 manojos de berro o arúgula (rocket), sin tallos

LENGUADO RELLENO CON
SALSA DE CAMARONES AL HORNO

6 cucharadas (90 g/3 oz) de mantequilla sin sal, más la necesaria para engrasar

¼ taza (45 g/1½ oz) de harina de trigo (simple)

2 tazas (500 ml/16 fl oz) de leche

Sal de mar y pimienta blanca, recién molida

500 g (1 lb) de espinaca, sin tallo y bien lavada, pero no seca

4 filetes de lenguado de 185 g (6 oz) cada uno aproximadamente

250 g (½ lb) de camarones pacotilla cocidos

½ taza (125 ml/4 fl oz) de caldo de pollo (página 111) o caldo de pollo preparado bajo en sodio

1 cucharada de pasta o puré de tomate

1 pizca de pimienta de cayena o al gusto

Cebollín fresco finamente picado, para adornar

Precaliente el horno a 190º C (375º F). Engrase ligeramente con mantequilla un refractario de aproximadamente 20 x 30 cm (8 x 12 in).

En una olla sobre calor medio-bajo derrita la mantequilla. Integre la harina para hacer un roux (vea explicación a la derecha) y cocine, moviendo constantemente, durante 2 ó 3 minutos; no deje que la mezcla se dore. Gradualmente incorpore la leche, batiendo. Eleve la temperatura a media y hierva a fuego lento, batiendo frecuentemente. Ajuste la temperatura para hervir a fuego lento y cocine, continúe batiendo, cerca de 10 minutos, hasta que se espese y se convierta en una salsa blanca. Incorpore, batiendo, 1 cucharadita de sal y pimienta blanca al gusto. Tape y reserve.

Coloque la espinaca en una olla pequeña para hacer caldo, tape y cocine sobre calor medio cerca de 3 minutos, hasta que se marchite. Vacíe en un colador y bañe con agua fría para enfriar. En pequeños manojos exprima toda el agua posible de la espinaca. Usando un cuchillo de chef pique la espinaca finamente. Pase a un tazón e integre ½ taza (125 ml/4 fl oz) de la salsa blanca. Sazone con sal y pimienta al gusto.

Extienda 4 filetes de lenguado sobre una tabla de picar, con la parte suave de la piel hacia abajo y revise que no tengan espinas, retirando y desechando aquellas que encuentre. Usando una cuchara coloque una cuarta parte de la mezcla de espinacas sobre el centro de cada filete y doble las dos puntas del filete sobre las espinacas. Usando una espátula de metal pase cada filete al refractario preparado, colocando la unión hacia abajo.

Reserve ¼ taza (60 g/2 oz) de los camarones. En una licuadora, muela los camarones restantes con la salsa blanca restante, el caldo y la pasta o puré de tomate. Haga un puré terso. Pase a un tazón y agregue sal y pimienta de cayena al gusto.

Vierta la salsa sobre el pescado y hornee cerca de 25 minutos, hasta que esté totalmente opaco. Acomode los camarones restantes sobre el pescado y hornee 5 minutos más. Adorne con el cebollín y sirva de inmediato.

RINDE 4 PORCIONES SERVIDO COMO PLATO PRINCIPAL

HACIENDO UN ROUX

Un roux es una mezcla de mantequilla derretida o aceite y harina, hecha sobre calor medio-bajo y que se usa para espesar mezclas. Se le integra líquido gradualmente, batiéndolo en el roux y cocinando la mezcla hasta que espese. Un roux es un elemento esencial para las salsas francesas clásicas como la salsa bechamel y la velouté, y también se puede usar para espesar sopas y salsas para postres. En la mayoría de los casos, el roux se cocina únicamente 2 ó 3 minutos para retirar el sabor a harina cruda y no debe dorarse, pero el roux que se usa para los gumbos Cajún y Creole se cocina hasta obtener diferentes tonos, desde el dorado hasta el café oscuro, para agregar más sabor.

SALMÓN COCIDO CON SALSA DE ENELDO

Mida el filete de salmón en su parte más gruesa. Llene una sartén pequeña para asar o una sartén grande para freír con 5 cm (2 in) de agua. Agregue el vermouth, ¹/₄ taza de jugo de limón, los chalotes, zanahoria, apio, hoja de laurel, perejil y 1 cucharadita de sal. Hierva sobre calor medio-alto. Reduzca la temperatura y coloque el filete en la sartén. El líquido deberá cubrir el filete por lo menos por 2.5 cm (1 in); agregue más agua si fuera necesario. Ajuste la temperatura para que aparezcan algunas burbujas suaves por debajo del pescado. Cueza el pescado durante 10 minutos por cada 2.5 cm (1 in) de grueso; la carne deberá estar aún traslúcida en el centro. Usando una espátula grande y recta de metal ó 2 espátulas ranuradas de metal, pase el pescado a un platón y deje enfriar por completo. Escurra el líquido acumulado.

Mientras el pescado se cuece haga la salsa de eneldo: en un tazón pequeño mezcle la crème fraîche, yogurt, jugo de limón al gusto, eneldo y sal y pimienta blanca al gusto. Mezcle. Tape y refrigere hasta el momento de usarlo.

Para servir use una mandolina o un cuchillo filoso y corte el pepino en rebanadas muy delgadas. Empezando en la parte más gruesa del pescado, coloque las rebanadas de pepino en hileras traslapadas que simulen escamas de pescado. Coloque ramas de eneldo y rebanadas de limón alrededor del pescado. Sirva el pescado frío o a temperatura ambiente, acompañando con la salsa de eneldo.

Para servir: Este platillo se puede preparar con un día de anticipación y refrigerar.

RINDE DE 6 A 8 PORCIONES SERVIDO COMO PLATO PRINCIPAL

COCIENDO PESCADO

Una de las maneras más sencillas y mejores para cocinar el pescado es cocerlo en un caldo, agua sazonada con vino o jugo de limón y algunas hierbas y verduras. El líquido imparte sabor a cualquier cosa que se cocine en él. (Si usted tiene prisa, también puede usar agua simple.) Ya sea que usted use caldo o agua, asegúrese de que el líquido cubra el pescado y cocínelo hirviendo a fuego lento, para obtener un pescado muy suave. Se puede usar una pequeña sartén para asar o una sartén grande para freír para cocer filetes, pero para cocer un pescado entero es prácticamente esencial una olla para cocer pescado.

1 filete de salmón de 1.5 kg (3 lb), sin espinas

¹/₂ taza (125 ml/4 fl oz) de vermouth blanco seco o vino blanco seco

¹/₄ taza (60 ml/2 fl oz) de jugo de limón fresco

2 chalotes, rebanados

1 zanahoria pequeña, sin piel y cortada en rebanadas de 2.5 cm (1 in)

1 tallo de apio, cortado en rebanadas de 2.5 cm (1 in)

¹/₂ hoja de laurel

2 ramas de perejil liso (italiano) fresco

Sal de mar

PARA LA SALSA DE ENELDO:

¹/₂ taza (125 ml/4 fl oz) de crème fraîche o crema ácida

¹/₂ taza (125 g/4 oz) de yogurt simple

2 ó 3 cucharaditas de jugo de limón

2 cucharadas de eneldo fresco finamente picado

Sal de mar y pimienta blanca

1 pepino inglés (de invernadero)

Ramas de eneldo fresco y rebanadas de limón, para adornar

LANGOSTA TERMIDOR

500 g (1 lb) de carne de langosta cocida (vea explicación a la derecha), incluyendo 4 pinzas enteras

9 cucharadas (140 g/4¹/₂ oz) de mantequilla sin sal

2 cebollitas de cambray, incluyendo las partes suaves de color verde, finamente picadas

¹/₄ taza (60 ml/2 fl oz) de brandy

2 cucharaditas de tomillo fresco finamente picado ó ¹/₂ cucharadita de tomillo seco

Sal y pimienta blanca, recién molida

250 g (¹/₂ lb) de champiñones, cepillados y finamente rebanados

1¹/₂ cucharada de jugo de limón fresco o al gusto

3 cucharadas de harina de trigo (simple)

1¹/₂ taza (375 ml/12 fl oz) de caldo de langosta, caldo de camarón, caldo de pescado o caldo de pollo (página 111), o caldo de pollo preparado bajo en sodio

¹/₂ taza (125 ml/4 fl oz) de media crema

¹/₂ cucharadita de páprika dulce

2 ó 3 chorritos de salsa Tabasco

¹/₂ taza (60 g/2 oz) de queso parmesano rallado

Precaliente el horno a 220º C (425º F). Si tiene garras enteras retire toda la carne (página 106) y reserve para decorar. Corte la carne de langosta en dados de 12 mm (¹/₂ in) y reserve.

En una olla sobre calor medio derrita 4 cucharadas de la mantequilla. Agregue las cebollitas de cambray y saltee cerca de 3 minutos, hasta que la parte blanca esté traslúcida. Integre los dados de langosta y saltee aproximadamente 3 minutos, hasta que estén bien calientes. Agregue el brandy, hierva a fuego lento y cocine un minuto. Incorpore el tomillo y sal y pimienta al gusto. Retire del fuego y reserve.

En una sartén no reactiva, sobre calor medio, derrita 1 cucharada de la mantequilla. Agregue los champiñones y saltee cerca de 5 minutos, hasta dorar. Integre 1 cucharada del jugo de limón. Retire del fuego y reserve.

En una olla no reactiva, sobre calor medio-bajo, derrita las 4 cucharadas restantes de mantequilla. Integre la harina para hacer un roux (vea la página 17) y cocine, durante 2 ó 3 minutos, moviendo constantemente; no permita que la mezcla se dore. Incorpore lentamente el caldo, batiendo. Cocine moviendo frecuentemente, cerca de 10 minutos, hasta que espese. Integre la media crema y cocine, moviendo, durante 5 minutos más. Agregue la páprika, sal al gusto, salsa Tabasco al gusto y la ¹/₂ cucharada restante de jugo de limón o más, al gusto. Pruebe y rectifique la sazón.

Incorpore la mezcla de langosta y los champiñones a la salsa blanca. Usando una cuchara, coloque la mezcla de langosta en 4 refractarios individuales (de aproximadamente 15 cm /6 in de diámetro). Espolvoree cada uno con una cuarta parte del queso parmesano. Coloque los refractarios sobre una charola para hornear y hornee cerca de 20 minutos, hasta que la mezcla burbujee y se dore ligeramente. Sirva de inmediato, adornando con la carne de las garras, si la tiene.

RINDE 4 PORCIONES SERVIDO COMO PLATO PRINCIPAL

LANGOSTA TERMIDOR
Este delicioso platillo, una langosta acompañada de una mezcla de crema, horneada en forma tradicional y presentada en el caparazón de la langosta, fue inventado en el siglo XIX en París, para celebrar la inauguración de una obra de teatro llamada *Termidor* (por uno de los meses en el calendario de la Revolución Francesa). Para esta receta, compre carne de langosta cocida en una buena pescadería o cocine 4 langostas vivas siguiendo las instrucciones para la Langosta Maine Cocida con Dos Mantequillas Clarificadas (página 102) y retire la carne de los caparazones como se indica en la página 106.

PAELLA DE MARISCOS

En una sartén para freír, sobre calor medio, caliente 1 cucharada del aceite de oliva. Agregue los tentáculos de los calamares y saltee uno ó 2 minutos, hasta que estén duros. Páselos a un plato y reserve para adornar.

Para pelar y retirar las semillas de los jitomates, marque una X poco profunda en la parte inferior de cada jitomate. En una olla mediana hierva tres cuartas partes de agua. Sumerja los jitomates cerca de un minuto; páselos a un tazón con agua fría y deje enfriar durante 15 segundos. Retire las pieles y corte los jitomates a la mitad transversalmente. Presione ligeramente y sacuda los jitomates para retirar las semillas. Pique los jitomates, desechando el corazón y reserve.

Hierva agua en una olla mediana y blanquee los chícharos durante un minuto. Escurra, pase a un tazón con agua fría y deje enfriar durante 15 segundos. Escurra una vez más y reserve.

Cubra la superficie de una sartén para asar con papel aluminio. Precaliente el asador del horno. Corte el pimiento a la mitad a lo largo; retire el tallo, venas y semillas. Coloque las mitades de pimiento, con el lado cortado hacia abajo, sobre la sartén para asar preparada y presione para aplanarlas. Coloque la sartén bajo el asador a 5 cm (2 in) de la fuente de calor. Ase de 5 a 8 minutos, moviendo de vez en cuando, hasta que estén uniformemente dorados por todos lados. Usando unas pinzas pase a una bolsa de papel o plástico, cierre la bolsa y deje enfriar durante 10 minutos, hasta que pueda tocarlos. Retire la piel quemada usando un cuchillo mondador para retirar los trocitos pegados y corte el pimiento longitudinalmente en tiras delgadas. Reserve.

Precaliente el horno a 190º C (375º F). En una paellera de 38 cm (15 in) o una sartén para saltear de 30 cm (12 in) que pueda meterse al horno, sobre calor medio-bajo, caliente las 4 cucharadas restantes (60 ml/2 fl oz) de aceite de oliva. Agregue la cebolla y saltee cerca de 8 minutos, moviendo frecuentemente, hasta que se suavice y dore. Agregue el ajo y cocine cerca de un minuto, hasta que aromatice. Añada los jitomates y cocine cerca de 5 minutos, moviendo frecuentemente, hasta suavizar. Agregue el arroz y mezcle 2 ó 3 minutos, hasta cubrirlo bien.

PAELLERAS

La clásica paellera de metal, ancha y poco profunda, fue diseñada para cocinar paella sobre un fuego abierto; su gran superficie ayuda a cocer el arroz rápida y uniformemente. Se cree que las primeras paellas se hicieron en cazuelas de barro. La paella hecha en una cazuela relativamente profunda proporcionará un arroz más húmedo, mientras que la paella hecha en una paellera poco profunda se cocinará ligeramente más rápido y proporcionará un arroz más seco. Si usa una paellera u otro platón grande y poco profundo sobre el quemador de una estufa, el cual será más pequeño que la base del recipiente, tendrá que colocarlo retirado del centro y girarlo periódicamente para que el arroz se cocine uniformemente.

5 cucharadas (80 ml/3 fl oz) de aceite de oliva extra virgen

250 g (½ lb) de calamares, limpios y cortados en anillos, reservando sus tentáculos (página 109)

2 jitomates

185 g (6 oz) de chícharos nieve o chícharos chinos, limpios ó 1 taza (155 g/5 oz) de chícharos ingleses frescos o congelados, descongelados

1 pimiento rojo (capsicum)

1 cebolla blanca, finamente picada

2 dientes de ajo grandes, finamente picados

1½ taza de arroz español para paella o arroz Arborio

4 tazas (1 l/32 fl oz) de caldo de pescado (página 111) ó 2 tazas (500 ml/16 fl oz) de jugo de almeja embotellado y la misma cantidad de caldo de pollo (página 111) o caldo de pollo preparado bajo en sodio

1 pizca generosa de hilos de azafrán, tostados y molidos (página 36)

¼ cucharadita de pimentón picante (página 31) o páprika dulce húngara

½ taza (125 ml/4 fl oz) de vermouth blanco seco o vino blanco seco

Sal de mar y pimienta negra, recién molida

¹/₂ cucharada de jugo de limón fresco

12 callos de hacha grandes, recortados si fuera necesario (página 108)

12 mejillones, enjuagados y sin barbas (página 13)

12 almejas littleneck o Manila, enjuagadas

12 camarones gigantes (langostinos tigre) con su piel

Perejil liso (italiano) fresco, para adornar

Rebanadas de limón, para acompañar

Mientras tanto hierva el caldo e integre el azafrán y el pimentón. Incorpore al arroz el caldo, vermouth y sal y pimienta negra al gusto. Eleve la temperatura a medio-alta y hierva 5 minutos. Incorpore el jugo de limón. Reduzca a fuego lento retirando el centro de la sartén ligeramente de la flama. Cocine aproximadamente 10 minutos, hasta que el arroz haya absorbido la mayor parte del líquido, aplanando la superficie con una cuchara grande de madera y girando la sartén ligeramente de vez en cuando, para que el arroz de las orillas se cocine uniformemente. Mantenga el centro de la sartén retirado de la flama y no mueva el arroz (esto asegura que el arroz se cueza uniformemente y no se apelmace).

Si desea acomodar los ingredientes en forma tradicional sobre la paella, coloque los calamares rebanados en el centro del arroz y presione con una cuchara. Coloque el callo de hacha alrededor de la orilla. Introduzca alternadamente los mejillones y las almejas en el arroz, colocando sus bisagras hacia abajo y desechando aquellos que no se cierren al tacto. Presione los chícharos ligeramente hacia abajo para mezclar con el arroz entre los mejillones y las almejas. Intercale los camarones entre los demás mariscos. Coloque las tiras de pimiento como si fueran los rayos del sol sobre el arroz. O, si lo desea, intercale los ingredientes en forma casual sobre el arroz.

Pase la paellera al horno y cocine la paella aproximadamente 10 minutos, hasta que el arroz esté casi al dente. Retire del horno, cubra con una toalla de cocina limpia y deje reposar 10 minutos. Retire y deseche los mejillones o almejas que no se hayan abierto. Adorne con el perejil y los tentáculos de calamar y acompañe con rebanadas de limón.

RINDE 6 PORCIONES SERVIDO COMO PLATO PRINCIPAL

(La fotografía aparece en la siguiente página.)

ARROZ PARA PAELLA
El arroz blanco de grano mediano con alto contenido de almidón se cultiva en España específicamente para usarse en la paella. Una variedad muy popular es el arroz Bomba. El arroz para paella se puede comprar en tiendas especializadas en alimentos y en tiendas que importan productos españoles, pero puede usar arroz Arborio que se puede conseguir en muchos supermercados y es virtualmente idéntico, por lo que es el sustituto perfecto. Cuando se usa este tipo de arroz para hacer risotto, se mueve para desprender el almidón y proporcionar al platillo una textura cremosa. Por el contrario, al hacer paella la meta es producir un arroz con los granos separados, firmes y suaves, por lo que es importante no mezclar el arroz una vez que se ha cubierto bien con aceite.

CENAS RÁPIDAS

Debido a que el pescado y los mariscos se cocinan rápidamente y sólo necesitan unos cuantos ingredientes sencillos para resaltar sus sabores, son una bendición para el cocinero ocupado. Los platillos hechos con pescados y mariscos que presentamos en este capítulo, desde los sándwiches de cangrejo suave hasta el bagre con especias Cajún, se pueden hacer fácilmente y usan ingredientes fáciles de encontrar, convirtiéndolos en platillos ideales para una cena rápida para cualquier día de la semana o incluso para una fiesta improvisada.

CAMARONES Y ESPÁRRAGOS SOFRITOS

Coloque los camarones en un tazón de vidrio o cerámica y agregue la sal, aceite de ajonjolí y salsa de soya. Mezcle para cubrir. Corte los espárragos en diagonal en trozos de aproximadamente 5 cm (2 in) de largo.

En un wok grande o una sartén para saltear, sobre calor medio-alto, caliente el aceite de cacahuate hasta que brille. Ladee la sartén para cubrirla uniformemente con el aceite. Añada el ajo, jengibre y camarones y mezcle cerca de un minuto, hasta que los camarones estén uniformemente rosados por ambos lados. Usando una cuchara ranurada o un desnatador pase los camarones a un tazón.

Agregue los espárragos a la sartén y mezcle sobre calor medio-alto aproximadamente un minuto, hasta que estén de color verde brillante. Añada la cebollita de Cambray y el vino. Tape la sartén y cocine cerca de 2 minutos, hasta que los espárragos estén suaves pero crujientes. Vuelva a colocar los camarones en la sartén y mezcle aproximadamente durante un minuto, justo hasta que estén calientes. Coloque en un tazón poco profundo y adorne con hojas de cilantro. Sirva de inmediato acompañando con arroz cocido al vapor.

Variación: Sustituya los espárragos por 250 g (¹/₂ lb) de chícharos chinos, limpios.

RINDE 4 PORCIONES SERVIDO COMO PLATO PRINCIPAL

CONOCIENDO LOS SOFRITOS

Para hacer sofritos es mejor usar un wok chino, pero también se puede usar una sartén para saltear o una sartén para fritura profunda. Caliente la sartén antes de agregar el aceite y mantenga sobre el fuego hasta que el aceite casi humee. Ladee la sartén para cubrir también los lados y el fondo. Agregue los alimentos de cocción rápida como son los pequeños trozos de carne, pescado o tofu y mezcle constantemente mientras se cocinan; páselos a un tazón antes de agregar los alimentos de cocción lenta como son las verduras más gruesas. Por lo general se le agrega líquido a la sartén y se tapa durante algunos minutos para cocinar los alimentos de cocción lenta. Posteriormente se vuelven a colocar en la sartén los pescados, mariscos, carne o tofu para calentarlos brevemente.

1 kg (2 lb) de camarones grandes (langostinos), sin piel, con sus colas intactas y limpios (página 86)

1 cucharadita de sal de mar

1 cucharadita de aceite de ajonjolí asiático

1 cucharada de tamari o salsa de soya ligera

1 manojo de espárragos, sin puntas, sin piel si ésta estuviera dura

2 cucharadas de aceite de cacahuate o canola

2 dientes de ajo, finamente picados

1 cucharada de jengibre fresco, sin piel y finamente picado

1 cebollita de Cambray, incluyendo sus partes suaves de color verde, cortada en diagonal en trozos de 2.5 cm (1 in)

2 cucharadas de vino de arroz chino o jerez seco

Hojas de cilantro fresco, para adornar

Arroz blanco cocido al vapor, para acompañar

CAMARONES AL AJILLO

¾ **taza (180 ml/ 6 fl oz) de aceite de oliva extra virgen**

3 ó 4 dientes de ajo, finamente picados

2 ó 3 chiles rojos secos, u hojuelas de chile rojo al gusto

24 camarones grandes (langostinos tigre), con sus colas intactas y limpios (vea la página 86)

Jugo de 1 limón

Sal de mar

Pimentón picante (vea explicación a la derecha) o páprika húngara dulce o picante

Rebanadas gruesas de pan campestre o arroz blanco al vapor (página 111), para acompañar

Coloque 6 ó 4 ramekins o refractarios individuales poco profundos, de preferencia de barro y de aproximadamente 13 cm (5 in) de diámetro en un horno frío. Ajuste la temperatura a 200° C (400° F) y caliente los refractarios por lo menos durante 20 minutos.

En una sartén grande para freír de material no reactivo, mezcle el aceite de oliva, ajo y chiles. Coloque sobre calor medio cerca de 2 minutos, hasta que el ajo empiece a dorarse. Agregue los camarones y saltee 2 ó 3 minutos, hasta que estén uniformemente rosados por ambos lados. Inmediatamente retírelos del fuego y agregue el jugo de limón. Espolvoree con sal y pimentón al gusto. Mezcle con rapidez y divida inmediatamente los camarones y el aceite sazonado entre los refractarios calientes. Sirva de inmediato mientras los camarones aún chisporrotean. Si los sirve como primer plato, acompáñelos con pan para remojarlo en el aceite; si los sirve como plato principal acompáñelos con arroz.

RINDE 6 PORCIONES SERVIDO COMO PRIMER PLATO Ó 4
PORCIONES SERVIDO COMO PLATO PRINCIPAL

PIMENTÓN Y PÁPRIKA

El pimentón es una páprika española hecha de chiles páprika ahumados. Al igual que la páprika húngara, viene en dos presentaciones: dulce y picante. El pimentón picante español proporciona un toque ahumado y más picor a los alimentos que los otros tipos de páprika; búsquelo en tiendas para gourmets y en tiendas especializadas en alimentos españoles. La páprika húngara se puede conseguir fácilmente en los supermercados. En esta receta se puede usar la versión dulce para hacer un platillo más suave.

CAMARONES A LA GRIEGA CON JITOMATES Y QUESO FETA

En una cazuela grande de material no reactivo a prueba de fuego o una sartén para saltear sobre calor medio, caliente el aceite de oliva. Agregue los chalotes y saltee cerca de 3 minutos, hasta que estén traslúcidos. Añada el ajo y saltee cerca de un minuto, hasta que aromatice. Integre el vino y los jitomates (pero no su jugo). Añada el orégano ahora, si lo usa seco. Sazone al gusto con sal, hojuelas de chile rojo y páprika. Hierva sobre calor alto, reduzca la temperatura a media y cocine aproximadamente durante 5 minutos, moviendo con frecuencia, hasta que los jitomates empiecen a suavizarse. Agregue un poco del jugo de jitomate reservado si prefiere una salsa más diluida.

Incorpore el queso y posteriormente los camarones. Tape la sartén, reduzca a fuego bajo y cocine cerca de 3 minutos, hasta que los camarones estén uniformemente rosados y el queso empiece a derretirse. Espolvoree con el orégano, si lo usa fresco, y la menta o yerbabuena finamente picada. Adorne con ramas de menta o yerbabuena, si las usa, y sirva de inmediato en la cazuela.

Para servir: Sirva acompañando con rebanadas gruesas de pan campestre estilo francés o italiano para remojarlo en el jugo.

RINDE 4 PORCIONES SERVIDO COMO PLATO PRINCIPAL

4 cucharadas (60 ml/2 fl oz) de aceite de oliva extra virgen

2 chalotes, finamente picados

2 dientes de ajo, finamente picados

½ taza (125 ml/4 fl oz) de vermouth blanco seco o vino blanco seco

6 jitomates guaje (Roma), picados, reservando su jugo, ó 1 lata (455 g/14 ½ oz) de jitomates, escurridos y finamente picados, reservando su jugo

1 cucharada de orégano griego seco, desmoronado ó 2 cucharadas de orégano fresco finamente picado

Sal de mar

Hojuelas de chile rojo

Páprika húngara dulce

⅔ taza (90 g/3 oz) de queso feta desmoronado grueso, de preferencia griego o búlgaro

1 kg (2 lb) de camarones grandes (langostinos), sin piel, con sus colas intactas y limpios (página 86)

2 cucharadas de menta o yerbabuena fresca finamente picada, más ramas de menta o yerbabuena, para adornar (opcional)

TRUCHA ARCO IRIS FRITA
CON TOCINO Y SALVIA

4 truchas arco iris enteras de 250–375 g (¹/₂–³/₄ lb) cada una, limpias, con o sin cabeza

¹/₂ taza (75 g/2¹/₂ oz) de harina de maíz amarillo molida en molino de piedra, cornmeal o polenta

Sal de mar

Pimienta de cayena

4 ramas grandes de salvia fresca, más las hojas de 4 ramas

1 tira de tocino ahumado con madera de manzano

3 cucharadas de aceite de oliva extra virgen

4 cucharadas (60 g/2 oz) de mantequilla sin sal

Jugo de 1 limón

Enjuague la trucha por dentro y por fuera bajo el chorro de agua fría y seque por dentro y por fuera con toallas de papel. En un tazón grande y poco profundo o un platón, mezcle la harina de maíz, cornmeal o polenta con sal y pimienta de cayena al gusto. Mezcle hasta integrar por completo. Sale la cavidad de cada trucha y coloque una rama de salvia dentro de ella. Reboce la trucha en la mezcla de harina de maíz para cubrirla uniformemente por ambos lados.

En una sartén grande para freír de hierro fundido o algún otro material grueso sobre calor medio, cocine el tocino hasta que esté crujiente. Usando pinzas páselo a toallas de papel para escurrir. Añada el aceite de oliva a la grasa que quedó en la sartén y caliente hasta que brille el aceite. Agregue las truchas, dos a la vez para no apretarlas demasiado, y cocine 4 ó 5 minutos, hasta que estén ligeramente doradas y totalmente opacas en la superficie. Pase las truchas al platón o a los platos y coloque en el horno a temperatura baja (95º C/200º F).

Reserve 1 cucharada de la grasa de la sartén y deseche el resto. Agregue la mantequilla y las hojas de salvia. Cocine sobre calor medio aproximadamente 2 minutos, hasta que la mantequilla esté ligeramente dorada y las hojas de salvia estén crujientes. Añada el jugo de limón y caliente cerca de 30 segundos. Vierta la mezcla sobre la trucha. Desmorone la tira de tocino y esparza una cuarta parte sobre cada trucha. Sirva de inmediato.

RINDE 4 PORCIONES SERVIDO COMO PLATO PRINCIPAL

FRITURA EN LA SARTÉN

La fritura en la sartén, procedimiento similar al salteado, es una de las maneras más rápidas de cocinar pescados enteros o filetes de pescado. Para freír en la sartén empiece trabajando con una sartén caliente. Caliente mantequilla y aceite o únicamente aceite hasta que deje de salir espuma de la mantequilla o que el aceite brille. (Si se usa mantequilla y aceite se obtiene un buen sabor de mantequilla y es menos probable que se queme.) Los alimentos que se van a freír en la sartén por lo general se rebozan en harina, harina de maíz amarillo, cornmeal o polenta o pan molido, para proporcionarles una cubierta crujiente, y posteriormente se fríen por ambos lados hasta que se doran. Use también este método con truchas o filetes de lenguado.

PEZ ROCA ASADO CON SALSA CHARMOULA

Para hacer la salsa mezcle el azafrán, ajo, perejil, cilantro fresco, ralladura y jugo de limón, comino y páprika en un tazón pequeño. Integre el aceite de oliva hasta incorporar por completo. Añada las semillas de cilantro, sal y pimienta de cayena al gusto. Pruebe y rectifique la sazón.

Coloque los filetes de pez roca en un platón de vidrio o cerámica lo suficientemente grande para darles cabida. Extienda aproximadamente 1 cucharada de la salsa sobre cada filete. Voltee y cubra con otra cucharada de salsa por el otro lado de cada filete. Deje reposar los filetes a temperatura ambiente durante 30 minutos.

Precaliente el asador de su horno. Cubra la base de una sartén para asar con papel aluminio y engrase la superficie con una toalla de papel remojada en aceite. Ponga los filetes sobre la sartén preparada y colóquela debajo del asador de 5 a 7.5 cm (2-3 in) de la fuente de calor. Ase, volteando una vez, cerca de 2 minutos por cada lado, hasta que estén ligeramente dorados y totalmente opacos.

Pase los filetes a un platón precalentado o a platos individuales y cubra cada uno con una cucharada de la salsa. Adorne libremente con las ramas de las hierbas y sirva de inmediato acompañando con la salsa.

Nota: La salsa charmoula, *que también se puede escribir* chermoula, *es una salsa clásica de Marruecos que tradicionalmente se sirve con pescado. Tiene muchas variaciones: algunas veces contiene jitomates, pero por lo general contiene ajo, comino, páprika y cilantro. La colorida, fresca y sabrosa salsa* charmoula *es el acompañamiento perfecto para los pescados asados, horneados, fritos o a la parrilla.*

RINDE DE 4 A 6 PORCIONES SERVIDO COMO PLATO PRINCIPAL

TOSTANDO AZAFRÁN

Al tostar y moler hilos de azafrán se resalta su sabor y permite que el azafrán se disuelva completamente en un líquido caliente. Para hacerlo caliente una pequeña sartén para asar seca sobre calor medio. Agregue los hilos de azafrán y tueste, moviendo constantemente, durante 30 segundos hasta que el azafrán aromatice. Pase el azafrán a un mortero pequeño y muela con la mano del mortero hasta obtener un polvo fino.

PARA LA SALSA
CHARMOULA:

1 pizca de hilos de azafrán tostados, molidos (vea explicación a la izquierda) y disueltos en 1 cucharada de agua caliente

2 dientes de ajo, finamente picados

$^1/_2$ taza (20 g/$^3/_4$ oz) de perejil liso (italiano) fresco, finamente picado

$^1/_2$ taza (20 g/$^3/_4$ oz) de cilantro fresco, finamente picado

Ralladura y jugo de 1 limón

1 cucharadita de comino molido

1 cucharadita de páprika húngara dulce

$^1/_2$ taza (125 ml/4 fl oz) de aceite de oliva extra virgen

Una pizca de semillas de cilantro

Sal de mar

Pimienta de cayena

4 ó 6 filetes de pez roca de 185-250 g (6-8 oz) cada uno

Ramas de perejil liso (italiano) fresco y/o ramas de cilantro, para decorar

BAGRE CON ESPECIAS CAJÚN SOBRE VERDURAS MARCHITAS

PARA EL UNTO DE ESPECIAS
CAJÚN:

1 cucharadita de sal de
mar

1 cucharadita de pimienta
negra, recién molida

¹/₂ cucharadita de pimienta
de cayena

1 cucharada de páprika
húngara dulce

1 cucharadita de semillas
de hinojo, tostadas (página
46) y molidas

1 cucharadita de tomillo
seco, desmoronado

4 filetes de bagre de 185 a
250 g (6-8 oz) cada uno

5 cucharadas
(80 ml/3 fl oz) de aceite de
oliva extra virgen, más el
necesario para cubrir

1 tira de tocino ahumado
en madera de manzano,
finamente picado

8 puños de hojas
pequeñas de espinaca,
hojas pequeñas de arúgula
(rocket) u hojas de berro, o
una mezcla de ellas

2 dientes de ajo, finamente
picados

1 cucharada de vinagre de
vino tinto

¹/₂ ó 1 cucharada de jugo
de limón fresco

Sal de mar y pimienta
negra, recién molida

Para hacer el unto de especias mezcle en un tazón pequeño la sal, pimienta negra, pimienta de cayena, páprika, semillas de hinojo y tomillo.

Coloque los filetes de bagre en un platón de vidrio o cerámica lo suficientemente grande para darles cabida y cúbralos con aceite de oliva por ambos lados. Esparza una cucharadita rasa del unto de especias Cajún sobre cada lado de los filetes, cubriéndolos uniformemente. Deje reposar a temperatura ambiente durante 30 minutos.

Cubra una sartén grande y gruesa que se pueda meter al horno con aceite de oliva y caliente sobre calor medio-alto hasta que brille el aceite. Agregue el bagre y cocine cerca de 2 minutos por cada lado, hasta que esté totalmente opaco. Coloque la sartén en el horno a temperatura baja (95º C /200º F) para mantener el pescado caliente.

En otra sartén gruesa de material no reactivo sobre calor medio cocine el tocino hasta que esté crujiente. Usando una cuchara ranurada pase al tocino a toallas de papel y deje escurrir. Coloque las hortalizas en un tazón grande. Agregue 5 cucharadas de aceite de oliva a la sartén con la grasa del tocino y caliente hasta que brille la superficie. Añada el ajo y saltee cerca de un minuto, hasta que esté ligeramente dorado. Retire la sartén del fuego. Agregue inmediatamente el vinagre y ¹/₂ cucharada de jugo de limón, mezcle y vierta sobre las hortalizas en el tazón. Mezcle hasta que las hortalizas se marchiten ligeramente. Sazone con sal y pimienta negra al gusto y, si lo desea, un poco de jugo de limón.

Divida rápidamente las hortalizas entre 4 platos precalentados, cubra éstas con un filete de bagre y espolvoree con una cuarta parte del tocino cocido. Sirva de inmediato.

RINDE 4 PORCIONES SERVIDO COMO PLATO PRINCIPAL

UNTO DE ESPECIAS

Los untos de especias son una forma rápida de agregar sabor a una variedad de alimentos, desde el pescado hasta el puerco. Tienen la virtud de no sólo agregar sabor, sino también una cubierta ligeramente crujiente y colorida, especialmente en el caso del pescado frito en la sartén. Este unto agrega un color contrastante y un sabor a especias al suave bagre blanco. La sal en el unto ayuda a las especias a penetrar en la carne del pescado e infundirlo con sabor.

SÁNDWICHES DE CANGREJO SUAVE

Para hacer el alioli, usando un mortero grande o un tazón pequeño y una mano de mortero, muela el ajo con una pizca de sal. Agregue la yema de huevo y bata cerca de 15 segundos, hasta que esté espesa y pegajosa. Integre gradualmente, batiendo, el aceite de canola, una gota a la vez, hasta que la salsa espese. Incorpore, batiendo, el aceite de canola restante en un hilo fino e integre, batiendo, el aceite de oliva. Incorpore, batiendo, la salsa harissa, agua caliente y jugo de limón. Añada sal y pimienta blanca al gusto y más salsa harissa, si lo desea.

Sumerja los cangrejos en una olla grande para consomé con agua salada hirviendo, tape la olla, reduzca la temperatura a media-alta y cocine durante un minuto. Usando pinzas pase los cangrejos a una superficie de trabajo.

Para limpiar los cangrejos, use tijeras de cocina para retirar los ojos y la boca. Jale las orillas puntiagudas de los caparazones y raspe la materia esponjosa que tienen debajo de ellos. Voltee los cangrejos sobre sus torsos y corte sus colas y las agallas que tienen a cada lado. Enjuague bajo el chorro de agua fría y seque con toallas de papel. Coloque la harina y la mezcla de huevos en tazones poco profundos separados. Coloque la harina de maíz, cornmeal o polenta en un tercer tazón poco profundo y sazone al gusto con sal y páprika.

En una sartén grande y gruesa para saltear sobre calor medio-alto, caliente 12 mm (¹/₂ in) del aceite de oliva hasta que brille. Reboce los cangrejos primero en la harina, después en la mezcla de huevo y posteriormente en la mezcla de harina de maíz o polenta. Fría los cangrejos de 3 a 4 minutos, de dos en dos si fuera necesario para no apretarlos en la sartén, hasta que se doren por todos lados y estén crujientes en las orillas. Mientras tanto, tueste la focaccia.

Para hacer los sándwiches, unte el pan tostado con el alioli y cubra con los cangrejos recién cocidos y el berro. Sirva de inmediato.

Notas: Una salsa muy picante del Medio Oriente, la salsa harissa, viene en frascos o en recipientes. Si no la encuentra sustituya por salsa Tabasco. El alioli de esta receta incluye huevos crudos; vea la página 113 para mayor información al respecto.

RINDE 4 PORCIONES SERVIDO COMO PLATO PRINCIPAL

CANGREJOS DE CAPARAZÓN SUAVE

Los cangrejos de caparazón suave son cangrejos azules que acaban de mudar de caparazón y por lo tanto se pueden comer con todo y su caparazón. Aunque se venden ya limpios y congelados durante todo el año, su temporada es únicamente de mayo a agosto. Debido corta temporada, su sabor delicioso y su fácil preparación, son muy cotizados por los cocineros de la costa este de los Estados Unidos. Una forma sencilla de prepararlos es freírlos en la sartén para hacer sándwiches, dándoles así un toque veraniego para los amantes de los cangrejos en las zonas costeras.

PARA EL ALIOLI DE ESPECIAS:

1 diente de ajo, finamente picado

Sal de mar y pimienta blanca, recién molida

1 yema de huevo (vea Notas)

¹/₃ taza (80 ml/3 fl oz) de aceite de canola

2 cucharadas de aceite de oliva extravirgen

1 cucharadita de salsa harissa, o al gusto (vea Notas), o de ¹/₄ a ¹/₂ cucharadita de salsa Tabasco

1 cucharada de agua caliente

¹/₂ cucharada de jugo de limón fresco o al gusto

4 cangrejos de caparazón suave vivos

1 taza (155 g/5 oz) de harina de trigo (simple)

1 huevo batido con 2 cucharadas de agua

1 taza (155 g/5 oz) de harina de maíz amarillo, cornmeal o polenta

Sal de mar

Páprika húngara dulce o picante

Aceite de oliva, para freír

4 trozos de pan focaccia, partidos a la mitad horizontalmente

Hojas de berro o arúgula (rocket), para acompañar

ALMEJAS CON PASTA PELO DE ÁNGEL

Sal de mar y pimienta blanca, recién molida

4 cucharadas (60 ml/2 fl oz) de aceite de oliva extra virgen

2 dientes de ajo, finamente picados

Hojuelas de chile rojo

6 jitomates guaje (Roma), en cubos pequeños, reservando su jugo, ó 1 lata (455 g/14 ¹/₂ oz) de jitomates, escurridos y finamente picados, reservando su jugo

1 taza (250 ml/8 fl oz) de vermouth blanco seco o vino blanco seco

24 almejas littleneck o Manila, enjuagadas

375 g (³/₄ lb) de pasta capellini (pasta pelo de ángel)

2 cucharadas de perejil liso (italiano) fresco, finamente picado

2 cucharadas de menta o yerbabuena fresca, finamente picada

En una olla grande hierva agua y agregue bastante sal.

Mientras tanto, en una sartén grande de material no reactivo para saltear sobre calor medio, caliente el aceite de oliva. Agregue el ajo y las hojuelas de chile rojo al gusto y saltee cerca de un minuto, hasta que aromatice. Añada los jitomates y su jugo, el vino y sal y pimienta al gusto. Saltee de 2 a 3 minutos, hasta que los jitomates empiecen a suavizarse. Añada las almejas, desechando aquellas que no se cierren al tacto, tape y cocine 4 ó 5 minutos, hasta que las almejas se abran. Revise una o dos veces durante el cocimiento y pase las almejas que se hayan abierto a un tazón. Deseche aquellas que no se hayan abierto.

Cuando las almejas estén a la mitad del cocimiento, agregue la pasta al agua hirviendo y cocine cerca de 2 minutos, hasta que esté al dente. Escurra la pasta, reservando un poco del agua en que se coció. Cuando todas las almejas estén cocidas y estén en el tazón, agregue la pasta a la sartén para saltear y revuelva para cubrirla con la salsa. Añada un poco del agua en que se coció la pasta, si fuera necesario, para diluir la salsa lo suficiente y poder cubrir ligeramente la pasta. Vuelva a colocar las almejas en la sartén junto con los jugos acumulados. Espolvoree la pasta con sal y pimienta blanca al gusto y decore con el perejil y la menta o yerbabuena. Mezcle ligeramente. Sirva de inmediato en un tazón grande para pasta precalentado o en tazones individuales poco profundos.

RINDE 4 PORCIONES SERVIDO COMO PLATO PRINCIPAL

CONSEJOS PARA LA PASTA

Use una olla grande con agua para cocinar la pasta rápida y uniformemente y agregue una buena cantidad de sal al agua, cuando ésta suelte el hervor, para sustituir la sal que suelta la pasta al cocinarse. Siempre revuelva la pasta seca inmediatamente después de haberla agregado al agua y una o dos veces durante el cocimiento para evitar que se pegue. Cocine hasta que esté al dente, suave pero firme. Cuando escurra la pasta, reserve un poco del agua en que se coció para agregarla a la salsa si fuera necesario; su contenido de almidón espesará la salsa ligeramente. Use la pasta cocida de inmediato. Si debe dejarla reposar, mézclela ligeramente con aceite de oliva para evitar que se pegue.

PESCADOS Y MARISCOS AL HORNO

Asar, hornear y asar a la parrilla son los métodos más seguros de cocinar el pescado y hay una gran variedad de platillos que se pueden preparar de esas formas. Algunas de las recetas de este capítulo, como los mejillones asados, se hacen en unos cuantos minutos, mientras que otros, como la langosta asada, son más elaborados. En todos los casos, el calor seco del horno resalta el sabor de los pescados y mariscos.

MEJILLONES ASADOS CON SEMILLAS DE HINOJO, AZAFRÁN Y ALBAHACA

Precaliente el horno a 200º C (400º F).

En una sartén grande para freír de hierro fundido o una sartén para saltear que se pueda meter al horno sobre calor medio, derrita la mantequilla con el aceite de oliva hasta que la mantequilla espume. Agregue el ajo y hojuelas de chile rojo al gusto y saltee cerca de un minuto, hasta que aromatice. Añada los mejillones desechando aquellos que no se cierren al tacto, las semillas de hinojo, la mezcla de azafrán y el vino. Eleve la temperatura a alta y saltee aproximadamente 30 segundos. Pase la sartén al horno y ase de 4 a 6 minutos, hasta que se abran los mejillones.

Retire la sartén del horno. Retire y deseche aquellos mejillones que no se hayan abierto. Espolvoree los mejillones con la albahaca y sal al gusto. Sirva de inmediato en la sartén.

Para servir: Acompañe con rebanadas gruesas de pan campestre estilo francés o italiano, asado o tostado y barnizado por un lado con aceite de oliva.

RINDE 4 PORCIONES SERVIDO COMO PLATO PRINCIPAL

TOSTANDO SEMILLAS Y NUECES

Para tostar semillas caliente una pequeña sartén seca sobre calor medio. Agregue las semillas y saltee de 30 a 60 segundos, moviendo constantemente, hasta que aromaticen y estén ligeramente tostadas. Vacíe en un tazón y deje enfriar. Las nueces se pueden tostar de la misma manera, pero como se deben cocinar durante varios minutos, se pueden quemar si no se vigilan con cuidado y no se mezclan a menudo. Un método más seguro para hacerlo es extender las nueces sobre una charola para hornear y tostarlas en un horno precalentado a 190º C (375º F) de 5 a 8 minutos, dependiendo de su tamaño; revuélvalas una vez a la mitad del cocimiento.

2 cucharadas de mantequilla sin sal

2 cucharadas de aceite de oliva extra virgen

4 dientes de ajo, finamente picados

Hojuelas de chile rojo

1 kg (2 lb) de mejillones negros grandes, enjuagados y sin barba (página 13)

1 cucharadita de semillas de hinojo, tostadas (vea explicación a la izquierda)

1 pizca de hilos de azafrán, tostados, molidos (página 36) y disueltos en 1 cucharada de agua caliente

1/2 taza (125 ml/4 fl oz) de vermouth blanco seco o vino blanco seco

1/3 taza (15 g/1/2 oz) de hojas de albahaca fresca, rebanadas finamente

Sal de mar

LANGOSTA ASADA CON MANTEQUILLA DE ESTRAGÓN

4 langostas Maine vivas de 625–750 g (1 ¹/₄–1¹/₂ lb) cada una

¹/₄ taza (60 g/2 oz) de sal kosher

Mantequilla de estragón (vea explicación a la derecha)

Rebanadas de limón, para adornar

Ramas de estragón fresco, para adornar

En una olla para consomé coloque suficiente agua para cubrir las langostas y hierva sobre calor alto. Añada la sal. Retire las langostas del refrigerador; deje las ligas de goma sobre las pinzas. (Si en la olla caben únicamente 2 langostas, retírelas del refrigerador de 2 en 2.) Sumerja las langostas en el agua, colocando la cabeza hacia abajo. Tape la olla y escuche con cuidado para precisar el momento en que el agua suelte el hervor; esto puede tomar 5 ó 6 minutos. Dejando la olla tapada, cocine las langostas durante 5 minutos desde el momento en que el agua suelte el hervor; estarán medio cocidas.

Usando unas pinzas retire las langostas de la olla y enjuague bajo el chorro de agua fría durante unos segundos. Retire las ligas de goma de las pinzas. Para escurrir introduzca un cuchillo en la cabeza de cada langosta, en medio de los ojos, y detenga la langosta sobre el fregadero, deteniéndola primero por la cola, después por las pinzas y por último por la cola una vez más.

Coloque cada langosta sobre su torso. Si lo desea, retire las patas más pequeñas. Usando un cuchillo de chef corte cada langosta verticalmente a la mitad, desde la cabeza hasta la cola. Deteniendo las colas en cada orilla, dóblelas para romperlas y dejarlas planas. Usando una cuchara retire y deseche los sacos verdosos justo por debajo de las cabezas. Retire y deseche los intestinos que corren por debajo del caparazón y que van desde la cabeza hasta la cola. Inserte una brocheta grande de madera en un lado de la orilla grande de cada cola de langosta y presione para pasarla a través de la cola y dejarla plana mientras se asa. Si lo desea, deje el hígado verde y los huevos si los hubiera.

Acomode 2 rejillas de horno en la parte superior y central del horno. Precaliente a 220º C (425º F). Prepare 2 charolas para hornear. Coloque 4 mitades de langosta, con la parte cortada hacia arriba y colocadas en dirección contraria, sobre cada una de las charolas para hornear. Unte una octava parte de la mantequilla de estragón sobre el lado cortado de cada mitad de langosta. Coloque las charolas en el horno y ase las langostas cerca de 5 minutos, hasta que la carne esté opaca. Sirva sobre platos grandes precalentados adornando con rebanadas de limón y ramas de estragón.

RINDE 4 PORCIONES SERVIDO COMO PLATO PRINCIPAL

MANTEQUILLA DE ESTRAGÓN

El estragón, con su dulce sabor ligero a regaliz, es un acompañamiento francés clásico para los pescados y mariscos, especialmente para la langosta. Parece que resalta la dulzura incomparable de este crustáceo, pero también es delicioso con otros mariscos como el callo de hacha y con pescados como el pargo o huachinango. Para hacer la mantequilla de estragón, mezcle ¹/₂ taza (125 g/4 oz) de mantequilla sin sal a temperatura ambiente, 2 chalotes finamente picados, ¹/₄ taza (7 g/¹/₄ oz) de hojas de estragón fresco finamente picado y 1 cucharada de jugo de limón fresco en un tazón pequeño. Mezcle hasta incorporar. Agregue sal y pimienta recién molida (de preferencia pimienta blanca) al gusto y mezcle una vez más.

SALMÓN CON SALSA DE BERRO AL HORNO

BERRO

Esta hortaliza picante, que crece silvestremente en los arroyos fríos, tiene una afinidad natural con el pescado. Tiene un sabor puro y sabroso y sus hojas redondas son de color verde fuerte. El berro se puede usar como cama para servir el pescado, como guarnición, como ingrediente de sopas y salsas o, por supuesto, en una refrescante ensalada para acompañar el pescado. Almacene los berros en una bolsa de plástico perforada dentro del refrigerador hasta por 2 días. Retire sus tallos antes de usarlo.

Precaliente el horno a 220° C (425° F).

Para hacer la salsa derrita la mantequilla en una olla sobre calor medio-bajo. Agregue el chalote y saltee cerca de 3 minutos, hasta que esté traslúcido. Incorpore 1 cucharada de harina para hacer un roux (vea la página 17) y cocine 2 ó 3 minutos, moviendo constantemente. No deje que la mezcla se dore. Incorpore el berro y la espinaca hasta que se marchiten. Añada el caldo y hierva a fuego lento cerca de 5 minutos. Incorpore la crema. Pase a una licuadora y haga un puré terso. Vuelva a colocar en la sartén y agregue sal de mar y pimienta blanca al gusto. Reserve y tape para mantenerlo caliente.

En un tazón poco profundo mezcle $1/4$ taza de harina con bastante sal y pimienta blanca. Reboce ligeramente la parte superior de los filetes de salmón en la harina.

Cubra ligeramente una sartén grande para saltear que se pueda meter al horno con aceite de oliva y caliente sobre calor medio-alto hasta que el aceite brille. Añada el salmón con la superficie hacia abajo y selle durante 2 minutos. Voltee el salmón y coloque la sartén en el horno. Ase el salmón exactamente durante 8 minutos; aún deberá estar traslúcido en el centro de la parte más gruesa.

Justo antes de que el salmón esté listo recaliente la salsa sobre calor bajo, 2 ó 3 minutos, hasta que esté muy caliente. Pase el salmón a platos precalentados. Usando una cuchara coloque una cuarta parte de la salsa sobre cada plato y coloque un filete sobre ella, o coloque la salsa sobre el centro de cada filete, dejando las orillas expuestas y la salsa como un espejo sobre el plato. Adorne cada filete con una rama de berro y sirva de inmediato.

RINDE 4 PORCIONES SERVIDO COMO PLATO PRINCIPAL

PARA LA SALSA DE BERRO:

2 cucharadas de mantequilla sin sal

1 chalote, finamente picado

1 cucharada de harina de trigo (simple)

1 manojo de berros, sin tallos, reservando 4 ramas para adornar

$3/4$ taza (180 ml/6 fl oz) de caldo de pollo (página 111) o caldo de pollo preparado bajo en sodio

$1/4$ taza (60 ml/2 fl oz) de crema espesa (doble)

Sal de mar y pimienta recién molida

$1/4$ taza (45 g/1 $1/2$ oz) de harina de trigo (simple)

Sal de mar y pimienta recién molida

4 filetes de salmón de 185–250 g (6–8 oz) cada uno, sin espinas

Aceite de oliva extra virgen, para cubrir

BACALAO MALVO ASADO CON GLASEADO DE MISO

4 filetes de bacalao malvo de 185–250 g (6–8 oz) cada uno, sin espinas

2 cucharadas de aceite de cacahuate o canola

1 cucharada de tamari o salsa de soya clara

1 cucharada de jengibre fresco, sin piel y finamente picado

PARA EL GLASEADO DE MISO:

¹/₂ taza (125 g/4 oz) de pasta miso roja

2 cucharadas de vermouth blanco seco o vino blanco seco

2 cucharadas de aceite de oliva o de canola

1 cucharada de miel de abeja

1 cucharada de jugo de limón fresco

1 diente de ajo, machacado y pasado a través de un exprimidor de ajo

1¹/₂ cucharada de semillas de ajonjolí, tostadas (página 46)

Ramas de cilantro fresco, para adornar

Coloque los filetes de bacalao malvo en una pequeño plato de vidrio o cerámica lo suficientemente grande para darles cabida. En un tazón pequeño mezcle el aceite, tamari y jengibre. Mezcle para integrar. Vierta la mezcla sobre los filetes y voltee para cubrirlos por ambos lados. Deje reposar los filetes a temperatura ambiente durante 30 minutos.

Mientras tanto haga el glaseado de miso: en una olla pequeña mezcle la pasta miso, vermouth, aceite, miel de abeja, jugo de limón y ajo hasta integrar por completo. Coloque sobre fuego bajo y hierva; cocine 2 ó 3 minutos para permitir que los sabores se mezclen, retire del fuego y reserve.

Precaliente el asador del horno. Cubra la base de una sartén para asar con papel aluminio y engrase la superficie con una toalla de papel impregnada con aceite. Mida los filetes de bacalao malvo en su parte más gruesa. Coloque el pescado, con la parte redonda hacia abajo, sobre la sartén preparada y colóquela bajo el asador a 5-7.5 cm (2-3 in) de la fuente de calor. Ase durante 2 minutos. Retire la sartén del asador, voltee el pescado y extienda el glaseado de miso uniformemente sobre la superficie. Coloque la sartén bajo el asador una vez más y cocine cerca de 3 minutos más, hasta que el pescado esté totalmente opaco; el tiempo total de cocción debe ser de aproximadamente 5 minutos por cada 12 mm (¹/₂ in) de grueso del pescado.

Sirva el pescado inmediatamente sobre platos precalentados o un platón, espolvoreando con las semillas de ajonjolí y adornando con cilantro.

RINDE 4 PORCIONES SERVIDO COMO PLATO PRINCIPAL

MISO
Esta pasta japonesa de frijol de soya viene en tres colores: amarillo (también llamado blanco), rojo y café oscuro; el sabor se intensifica a medida que el color se oscurece. Búsquelo en la sección de alimentos asiáticos de muchos supermercados y en las tiendas especializadas en alimentos asiáticos. Se mantendrá fresco indefinidamente dentro del refrigerador una vez abierto. Además de usar el miso cuando cocine pescados, usted puede usarlo para sazonar sopas y salsas.

PÁMPANO ASADO SOBRE UNA CAMA DE HINOJO

Precaliente el horno a 200º C (400º F).

Parta los bulbos de hinojo longitudinalmente en cuartos y retire la porción dura del corazón. Cubra las rebanadas con aceite de oliva, espolvoree con sal y pimienta al gusto. Divida entre 4 platos individuales para gratinar. Ase aproximadamente durante 20 minutos, hasta que estén casi suaves.

Mientras tanto, coloque los filetes de pescado en un plato de vidrio o de cerámica lo suficientemente grande para darles cabida. Espolvoree con sal y pimienta blanca por ambos lados. En un tazón pequeño mezcle las 2 cucharadas de aceite de oliva, el Pernod, ajo, ralladura y jugo de limón. Mezcle y vierta sobre el pescado. Voltee el pescado para cubrirlo por ambos lados. Deje reposar a temperatura ambiente cerca de 20 minutos.

Cuando el hinojo esté casi suave y el pescado esté marinado, retire los platos para gratinar del horno. Use una espátula para colocar un filete sobre cada cama de hinojo. Vierta la marinada restante sobre el pescado. Vuelva a colocar los platos en el horno y ase aproximadamente 10 minutos, hasta que el pescado esté totalmente opaco, el hinojo esté ligeramente dorado y se sienta suave cuando se le pique con un cuchillo.

Pique finamente algunas de las frondas del hinojo reservadas y espárzalas sobre el pescado. Sirva de inmediato, acompañando con las rebanadas de limón.

RINDE 4 PORCIONES SERVIDO COMO PLATO PRINCIPAL

HINOJO

El hinojo, con su suave sabor a anís y crujiente textura, es un compañero clásico para el pescado. Busque bulbos suaves y redondos y retire los puntos descoloridos, así como los tallos y sus frondas en forma de pluma. Reserve los tallos para sopas y las frondas para decorar, ya sea enteras o finamente picadas. Corte el bulbo de hinojo longitudinalmente a la mitad o en cuartos y retire el corazón de la base antes de usarlo, siguiendo las instrucciones de la receta. Si se le añade un licor con sabor a anís, como el Pernod de Francia, se intensifica el sabor del bulbo.

3 bulbos de hinojo de 250–315 g (8–10 oz) cada uno, limpios, reservando sus frondas

2 cucharadas de aceite de oliva extra virgen, más el necesario para cubrir

Sal y pimienta blanca recién molida

4 filetes de pámpano de 185–250 g (6–8 oz) cada uno

3 cucharadas de Pernod u otro licor con sabor a anís

2 dientes de ajo, finamente picados

Ralladura de 1 limón

1 cucharada de jugo de limón fresco

Rebanadas de limón, para acompañar

HALIBUT EMPAPELADO CON ACEITE DE ALBAHACA

PARA EL ACEITE DE
ALBAHACA:

**1 taza (30 g/1 oz) de hojas
de albahaca fresca**

**¹/₂ taza (125 ml/4 fl oz) de
aceite de oliva extra virgen**

**1 cucharada de jugo de
limón fresco**

**1 diente de ajo, finamente
picado**

**Sal de mar y pimienta
blanca recién molida**

**4 filetes de halibut de
185–250 g (6–8 oz) cada
uno**

**Aceite de oliva extra
virgen, para cubrir**

**Sal de mar y pimienta
blanca recién molida**

**¹/₄ taza (30 g/1 oz) de
piñones, tostados
(página 46)**

Precaliente el horno a 190º C (375º F).

Para hacer el aceite de albahaca hierva agua en una olla. Blanquee la albahaca en el agua hirviendo durante 30 segundos. Inmediatamente vacíe la albahaca y el agua en un colador y refresque con agua fría para detener el cocimiento. En pequeños manojos exprima toda el agua posible de la albahaca. En una licuadora mezcle la albahaca, aceite de oliva, jugo de limón y ajo. Haga un puré terso. Sazone con sal y pimienta blanca al gusto. Reserve a temperatura ambiente.

Corte 4 trozos de papel encerado (para hornear), cada uno del mismo largo que el ancho del papel. Doble cada trozo a la mitad y use un lápiz para dibujar la mitad de un corazón, con el centro en el doblez, aprovechando todo el ancho y largo del papel. Corte los corazones con tijeras. Coloque un corazón de papel, abierto, sobre una superficie de trabajo, colocando la punta del corazón hacia usted.

Cubra los filetes con aceite de oliva y espolvoree ambos lados con sal y pimienta blanca. Coloque un filete en el centro de cada mitad de corazón de papel encerado. Usando una cuchara coloque una cuarta parte del aceite de albahaca sobre cada filete. Doble el papel de manera que las orillas queden parejas. Empezando en la parte superior del corazón, al final de la curva, doble las orillas unidas, haciendo pequeños dobleces traslapados a todo lo largo hasta llegar a la punta inferior. Doble la punta por debajo para evitar fugas. Repita la operación con los demás filetes y corazones de papel encerado.

Coloque los paquetes sobre una charola para hornear y hornee durante 10 minutos. Pase cada paquete a un plato trinche precalentado y corte una X en la superficie con unas tijeras (tenga cuidado con el vapor caliente). Espolvoree cada filete con 1 cucharada de las nueces tostadas. Sirva de inmediato.

RINDE 4 PORCIONES SERVIDO COMO PLATO PRINCIPAL

COCINANDO EN PAPEL ENCERADO

Hornear pescado en papel encerado, un método rápido de cocción, conserva la suave textura de los pescados mientras captura su sabor. Los pescados pueden colocarse sobre una cama de hierbas o verduras; o cubrirse con una salsa, aceite sazonado o mantequilla. Al cocinar pescados dentro de un paquete se intensifica su sabor y se envuelve al pescado con una nube de fragancias que se desprenden cuando el papel encerado se corta para servirlo.

PARRILLADAS DE VERANO

Los pescados y mariscos son ideales para asarse a la parrilla. En unos cuantos minutos se cocinan hasta quedar crujientes y con la marca de la parrilla en su superficie; suaves por dentro e infundidos con los sabores de los sazonadores y el humo. Además, mientras los carbones llegan a la temperatura indicada, los pescados o mariscos se pueden marinar brevemente o puede preparar una salsa que complemente a la perfección estos platillos.

ATÚN AHÍ A LA PARRILLA CON SALSA DE MANGO

Prepare un asador de carbón o gas para asar sobre calor alto. También puede usar el asador de su horno; forre la base de una charola para asar con papel aluminio.

Coloque los filetes de atún en un plato de vidrio o cerámica lo suficientemente grande para darles cabida. En un tazón pequeño, bata el aceite con el jugo de limón, sal de mar y pimienta blanca al gusto. Vierta la mezcla sobre los filetes y voltee para cubrirlos por ambos lados. Deje reposar a temperatura ambiente durante 30 minutos.

Mientras tanto, haga la salsa. En un tazón pequeño, mezcle los dados de mango, cebollas, chile, cilantro, jugo de limón, vinagre y jengibre, si lo usa. Pruebe y rectifique la sazón. Deje reposar la salsa a temperatura ambiente para que los sabores se mezclen.

Precaliente el asador en este momento, si lo usa.

Engrase la rejilla del asador o la superficie de una charola para asar con una toalla de papel remojada en aceite. Mida el grosor de los filetes de atún. Acomode los filetes de atún sobre la rejilla del asador o sobre la charola para asar engrasada y coloque ésta debajo del asador a 5-7.5 cm (2-3 in) de distancia de la fuente de calor. Cocine los filetes de 12 mm (1/2 in) de grueso durante 3 minutos de cada lado para término medio-rojo, uno ó 2 minutos para término rojo; ajuste el tiempo de cocción para filetes más gruesos de acuerdo a su grosor.

Pase los filetes a platos trinches precalentados y coloque una cucharada de salsa a un lado de los filetes o sobre ellos. Sirva inmediatamente, adornando con las rebanadas de limón y con cebollas moradas marinadas si lo desea.

Nota: Al retirar las semillas de un chile se disminuye bastante su picor.

RINDE 4 PORCIONES SERVIDO COMO PLATO PRINCIPAL

PARTIENDO MANGO

Para cortar un mango en cubos coloque la fruta sobre uno de sus lados angostos, con la orilla del tallo hacia usted. Usando un cuchillo grande y filoso, rebane longitudinalmente cerca del centro, a lo largo del gran hueso central, retirando la carne en una sola pieza. Repita la operación al otro lado del hueso.

Coloque una pieza de mango con la pulpa hacia arriba y, con la punta del cuchillo, marque la pulpa longitudinalmente y luego transversalmente, haciendo un diseño a cuadros de 6 mm (12 in). Tenga cuidado de no cortar la piel. Presione el centro de la piel para sacar los cubos y rebane por debajo de ellos para desprenderlos.

---

4 filetes de atún ahí de 185–250 g (6–8 oz) cada uno

3 cucharadas de aceite de cacahuate o de canola, más el necesario para engrasar

Jugo de 1 limón

Sal de mar y pimienta blanca recién molida

PARA LA SALSA DE MANGO:

2 mangos maduros, sin piel ni semillas y cortados en dados de 6 mm (1/4 in) (vea explicación a la izquierda)

1/3 taza (60 g/2 oz) de cebolla morada, cortada en dados finos

1/2 ó 1 chile serrano o jalapeño rojo, sin semillas si lo desea (vea Nota) y finamente picado

1/3 taza (15 g/1/2 oz) de cilantro fresco picado

Jugo de 1 limón

2 cucharadas de vinagre de arroz sazonado

1 cucharada de jengibre fresco, sin piel y finamente picado (opcional)

Rebanadas de limón, para adornar

Cebolla morada marinada (página 94), para adornar (opcional)

HUACHINANGO A LA PARRILLA CON SALSA ROMESCO

4 filetes de huachinango o pargo de 185–250 g (6–8 oz) cada uno

Aceite de oliva extra virgen, para cubrir

Sal de mar y pimienta recién molida

PARA LA SALSA ROMESCO:

1 pimiento (capsicum) rojo, asado y sin piel (vea explicación a la derecha)

4 cucharadas (60 ml/2 fl oz) de aceite de oliva extra virgen

½ taza (75 g/2½ oz) de almendras crudas

½ taza (30 g/1 oz) de cubos de pan estilo italiano o francés, con corteza

2 dientes de ajo

¼ cucharadita de pimienta de cayena o al gusto

1 cucharada de jugo de limón fresco

Sal de mar

Aceite vegetal, para engrasar

Prepare un asador de carbón o gas para asar a fuego alto. También puede usar el asador de su horno; forre la base de una charola para asar con papel aluminio.

Cubra los filetes de huachinango o pargo con aceite de oliva y espolvoree por ambos lados con sal y pimienta. Deje reposar a temperatura ambiente durante 30 minutos.

Para hacer la salsa retire la piel, el tallo, semillas y membranas del pimiento asado si no lo ha hecho. (No se preocupe si queda un poco de la piel quemada y no enjuague el pimiento ya que se perdería un poco del sabor). Coloque el pimiento asado en una licuadora. En una sartén no reactiva para saltear, caliente 1 cucharada del aceite de oliva sobre calor medio y saltee las almendras y los cubos de pan cerca de 3 minutos, hasta dorar ligeramente. Colóquelos en la licuadora con el pimiento. Añada el ajo, pimienta de cayena, jugo de limón, ¼ cucharadita de sal y las 3 cucharadas restantes del aceite de oliva. Muela hasta obtener una salsa con textura gruesa. Pruebe y rectifique la sazón. Pase a un tazón y reserve.

Precaliente ahora el asador, si lo usa. Engrase la rejilla del asador o la superficie de la charola para asar con una toalla de papel remojada en aceite. Acomode los filetes sobre la rejilla del asador o sobre la charola para asar preparada y coloque ésta debajo del asador a 5-7.5 cm (2-3 in) por debajo de la fuente de calor. Cocine los filetes, volteándolos una vez, durante 2 ó 3 minutos de cada lado, hasta que estén un poco dorados y totalmente opacos. Inmediatamente pase los filetes a platos individuales precalentados y ponga un poco de la salsa romesco sobre ellos. Acompañe con más salsa.

Nota: La salsa romesco de color vibrante y fuerte sabor, la cual viene de la región española de Cataluña, sabe deliciosa sobre la mayoría de los pescados. También pruébela con pollo asado o úntela en rebanadas de pan estilo italiano asado, barnizado con un poco de aceite de oliva.

RINDE 4 PORCIONES SERVIDO COMO PLATO PRINCIPAL

ASANDO PIMIENTOS

Coloque los pimientos sobre la flama de un asador, en una sartén caliente para asar o sobre una charola para asar en el horno aproximadamente a 5 cm (2 in) de la fuente de calor y cocine, moviendo de vez en cuando, hasta que estén totalmente negros por todos lados. (Si una receta pide que se rebanen o piquen los pimientos después de haberles retirado la piel, corte los pimientos a la mitad, retire las semillas y venas y colóquelos, con la cara cortada hacia abajo, sobre una charola para asar cubierta con papel aluminio; presione aplanándolos, para que se asen más uniformemente.) Usando unas pinzas pase los pimientos asados a una bolsa de papel, cierre y deje enfriar cerca de 10 minutos, hasta que pueda tocarlos. Retire la piel quemada usando un cuchillo mondador si fuera necesario.

TACOS DE PESCADO CON PICO DE GALLO Y GUACAMOLE

PICO DE GALLO

La clásica salsa mexicana, llamada salsa cruda o pico de gallo, es muy fácil de preparar. Para hacerla, mezcle en un tazón pequeño: 2 jitomates, cortados en dados de 6 mm (¼ in); ⅓ taza (60 g/2 oz) de cebolla morada finamente picada; ⅓ taza (10 g/½ oz) de cilantro fresco picado; ¼ ó ½ chile jalapeño, sin semillas (si lo desea) y finamente picado; 1 cucharada de jugo de limón fresco y 1 cucharada de vinagre de arroz sazonado. Agregue sal de mar al gusto. Reserve para que se integren los sabores.

Prepare un asador de carbón o gas para asar a fuego medio-alto. También puede usar el asador de su horno; forre la base de una charola para asar con papel aluminio.

Coloque los filetes en un plato de vidrio o cerámica lo suficientemente grande para darles cabida. En un tazón pequeño, mezcle el aceite, comino y polvo de chile. Vierta sobre el pescado y voltee para cubrir uniformemente por ambos lados. Deje reposar a temperatura ambiente durante 30 minutos.

Envuelva las tortillas en papel aluminio. Si usa un asador coloque las tortillas en la orilla de la rejilla del asador y déjelas que se calienten por aproximadamente 10 minutos de cada lado. Si usa el asador de su horno precaliente el asador en este momento y coloque el paquete de tortillas en el horno para calentarlas durante aproximadamente 20 minutos. Mientras tanto, haga el pico de gallo y el guacamole.

Para hacer el guacamole mezcle el aguacate, ajo, cilantro y jugo de limón en una licuadora. Haga un puré terso. Pase a un tazón y agregue la salsa Tabasco y sal al gusto. Tape el tazón con plástico adherente y reserve.

Engrase la rejilla del asador o la superficie de la charola para asar con una toalla de papel remojada en aceite. Acomode los pimientos y los filetes de pescado sobre la rejilla del asador o sobre la charola para asar preparada y coloque ésta debajo del asador a 5-7.5 cm (2-3 in) de la fuente de calor. Cocine los pimientos 4 ó 5 minutos, hasta que estén suaves y ligeramente tostados. Cocine los filetes, volteándolos una vez, hasta que estén un poco dorados y totalmente opacos, 2 ó 3 minutos de cada lado. Pase los pimientos y el pescado a una tabla para picar y corte en tiras.

Coloque 2 tortillas sobre cada uno de los 4 platos individuales precalentados. Divida los pimientos y el pescado uniformemente entre las tortillas. Cubra los tacos con el pico de gallo y el guacamole. Sirva de inmediato, adornando con las ramas de cilantro y las rebanadas de limón.

RINDE 4 PORCIONES SERVIDO COMO PLATO PRINCIPAL

4 filetes de bacalao del Pacífico, pez roca, huachinango o pargo de 185 a 250 g (6-8 oz) cada uno

¼ taza (60 ml/2 fl oz) de aceite de canola o de semilla de uva, más el necesario para engrasar

½ cucharadita de comino molido

½ cucharadita de polvo de chile puro

8 tortillas de maíz

Pico de gallo (vea explicación a la izquierda)

PARA EL GUACAMOLE:

1 aguacate maduro, sin piel y deshuesado

2 dientes de ajo

¼ taza (10 g/⅓ oz) de cilantro fresco picado

2 cucharadas de jugo de limón fresco

4 chorritos de salsa Tabasco o al gusto

Sal de mar

1 pimiento (capsicum) rojo y 1 amarillo, partidos a la mitad a lo largo y sin semillas

Ramas de cilantro fresco, para adornar

Rebanadas de limón, para adornar

MAHIMAHI A LA PARRILLA CON GLASEADO HOISIN

PARA EL GLASEADO HOISIN:

2 dientes de ajo, finamente picados

¹/₄ taza (60 ml/2 fl oz) de salsa hoisin

2 cucharadas de tamari o salsa de soya ligera

¹/₄ taza (60 ml/2 fl oz) de aceite de cacahuate o canola

2 cucharadas de jengibre fresco, sin piel y finamente picado

2 cucharadas de vinagre de arroz sazonado

2 ó 3 chorritos de aceite de chile asiático

¹/₂ cucharada de jugo de limón fresco

2 cebollitas de Cambray, incluyendo sus partes suaves de color verde, finamente picadas

4 filetes de mahimahi de 185–250 g (6–8 oz) cada uno

Aceite de cacahuate o canola, para engrasar

Ramas de cilantro fresco, para adornar

Prepare un asador de carbón o gas para asar a fuego alto. También puede usar el asador de su horno; forre la base de una charola para asar con papel aluminio.

Para hacer el glaseado en un tazón pequeño, mezcle el ajo, salsa hoisin, tamari, aceite de cacahuate, jengibre, vinagre, aceite de chile, jugo de limón y cebollitas de Cambray hasta integrar por completo. Pruebe y rectifique la sazón.

Mida los filetes de mahimahi en su parte más gruesa. Colóquelos en un plato poco profundo de vidrio o cerámica lo suficientemente grande para darles cabida, vierta el glaseado sobre ellos y voltee para cubrir uniformemente por ambos lados. Deje reposar a temperatura ambiente durante 30 minutos, volteando los filetes dos veces.

Precaliente el asador en este momento, si lo usa.

Engrase la rejilla del asador o la superficie de la charola para asar con una toalla de papel remojada en aceite. Usando una espátula ranurada de metal y reservando la marinada, pase los filetes a la rejilla del asador o a la charola para asar y coloque ésta a 5-7.5 cm (2-3 in) de la fuente de calor. Cocine los filetes, volteando una vez, durante 4 ó 5 minutos de cada lado, hasta que estén totalmente opacos; el tiempo total de cocción deberá ser de cerca de 10 minutos por cada 2.5 cm (1 in) de grueso. Pase el pescado a un platón o a platos individuales y mantenga calientes en un horno bajo (95° C /200° F).

Mientras se cocina el pescado vierta la marinada reservada en una olla pequeña y gruesa de material no reactivo. Hierva sobre calor medio-bajo o sobre la orilla del asador y cocine 5 minutos. Vierta el glaseado uniformemente sobre el pescado, adorne con las ramas de cilantro y sirva de inmediato.

RINDE 4 PORCIONES SERVIDO COMO PLATO PRINCIPAL

SALSA HOISIN

Esta salsa sazonada, ligeramente dulce de color café rojizo, hecha de frijol de soya, se intensifica con polvo de cinco especias, ajo y chile seco. Se puede conseguir fácilmente en botellas y frascos en la sección de productos asiáticos en la mayoría de los supermercados. Una vez abierta se mantiene fresca indefinidamente en el refrigerador. La salsa hoisin es un ingrediente versátil que agrega color y un delicioso sabor a muchos platillos hechos con carne, pollo y pescados o mariscos.

BROCHETAS DE MARISCOS Y VERDURAS
CON MARINADA DE HIERBAS

Prepare un asador de carbón o gas para asar a fuego medio-alto. También puede usar el asador de su horno; forre la base de una charola para asar con papel aluminio. Remoje en agua 12 brochetas grandes de madera durante 30 minutos; escurra.

Para hacer la marinada mezcle el aceite de oliva, albahaca, perejil, menta o yerbabuena y ajo en un tazón de vidrio o de cerámica. Agregue una o dos pizcas de hojuelas de chile, el jugo de limón y sal al gusto. Mezcle para integrar. Añada los camarones, callo de hacha, calabacitas y calabaza de verano al tazón. Corte el pimiento rojo en cuadros de 2.5 cm (1 in) y coloque en el tazón. Mezcle para cubrir los mariscos y verduras con la marinada. Deje reposar durante 30 minutos.

Precaliente el asador de su horno ahora, si lo usa. Ensarte 3 camarones y 3 callos de hacha alternadamente en cada una de las 4 brochetas; ensarte los camarones pasando primero por su parte más gruesa y después por la cola y el callo de hacha horizontalmente de lado a lado. Ensarte, alternadamente, las calabacitas y las calabazas de verano horizontalmente en las 8 brochetas de madera restantes, colocando un trozo de pimiento después de cada rebanada de calabacita (si lo usa).

Engrase la rejilla del asador o la superficie de la charola para asar con una toalla remojada en aceite vegetal. Coloque las brochetas de verduras sobre la rejilla del asador o sobre la charola para asar preparada y coloque ésta bajo el asador a 5-7.5 cm (2-3 in) de la fuente de calor. Cocine 4 ó 5 minutos de cada lado, hasta suavizar y que tenga ligeras marcas de la parrilla. Ase las brochetas de camarones a la parrilla o en el asador de su horno cerca de $1^1/2$ minuto de cada lado, hasta que el callo de hacha esté opaco y los camarones estén uniformemente rosados.

Pase inmediatamente 1 brocheta de mariscos y 2 brochetas de verduras a cada uno de los 4 platos precalentados. Sirva de inmediato, acompañando con rebanadas de limón.

RINDE 4 PORCIONES SERVIDO COMO PLATO PRINCIPAL

MARINANDO LOS ALIMENTOS

Siempre marine los pescados y mariscos en un recipiente de cerámica o vidrio, ya que un recipiente de metal, incluso uno de material no reactivo, puede impartirles un sabor metálico. Una marinada agrega sabor y el aceite que contiene ayuda a evitar que los pescados o mariscos se peguen a la sartén o a la parrilla. Pero tenga cuidado cuando use una marinada que contenga jugos cítricos. Incluso una pequeña cantidad de los cítricos tenderá a "cocinar" la parte exterior, por lo que no debe usar más de lo especificado en una receta o marínelos durante menos de 30 minutos a temperatura ambiente.

PARA LA MARINADA DE HIERBAS:

½ taza (125 ml/4 fl oz) de aceite de oliva extra virgen

2 cucharadas de albahaca fresca, finamente picada

2 cucharadas de perejil liso (italiano), finamente picado

1 cucharada de menta o yerbabuena fresca, finamente picada

2 dientes de ajo, finamente picados

Hojuelas de chile rojo

1 cucharada de jugo de limón fresco

Sal de mar

12 camarones gigantes (langostinos), sin piel, con sus colas intactas y limpios (página 86)

12 callos de hacha grandes, limpios (página 108)

1 calabacita (courgette) y 1 calabaza de verano, cortadas en rebanadas de 12 mm (1 in) de grueso

1 pimiento (capsicum) rojo, partido longitudinalmente a la mitad y sin semillas (opcional)

Aceite vegetal, para engrasar

Rebanadas de limón, para acompañar

CALAMARES A LA PARRILLA SOBRE UNA CAMA DE FRIJOLES BLANCOS

1 taza (220 g/7 oz) de frijoles cannellini o Great Northern secos, limpios y enjuagados

1 hoja de laurel

1 chile rojo seco pequeño

¹⁄₄ cebolla amarilla o blanca pequeña

1 rama de tomillo fresco

Sal de mar y pimienta blanca recién molida

PARA LA VINAGRETA:

4 cucharadas (60 ml/2 fl oz) de aceite de oliva extra virgen

1 cucharada de vinagre de vino tinto

Sal y pimienta blanca recién molida

750 g – 1 kg (1 ¹⁄₂ – 2 lb) de calamares, limpios (página 109)

Aceite de oliva extra virgen, para cubrir

Sal y pimienta blanca recién molida

8 manojos de hojas de arúgula (rocket) pequeña

Salsa verde (vea explicación a la derecha)

Para hacer los frijoles, en una olla mediana mezcle los frijoles con agua fría hasta cubrir por 5 cm (2 in). Remoje los frijoles durante toda la noche, escurra y agregue la misma cantidad de agua fría. O, si lo desea, hierva los frijoles sobre calor medio-alto, cocine 2 minutos y retire del fuego. Tape y deje reposar durante una hora. Escurra y agregue agua limpia para cubrir.

Agregue a los frijoles una hoja de laurel, chile, el cuarto de cebolla y la rama de tomillo y hierva a fuego medio-alto. Reduzca el fuego a muy bajo y cocine cerca de una hora, hasta que los frijoles estén suaves. Añada sal de mar y pimienta blanca al gusto. Deje reposar los frijoles en su caldo.

Prepare un asador de carbón o gas para asar a fuego medio-alto. Remoje en agua 8 brochetas de madera durante 30 minutos y escurra.

Para hacer la vinagreta bata el aceite con el vinagre en un tazón pequeño y agregue sal y pimienta al gusto. Reserve.

Ensarte los cuerpos y tentáculos de los calamares en las brochetas. Cubra con aceite y espolvoree ambos lados con sal y pimienta.

Engrase una rejilla de alambre con una toalla de papel remojada en aceite. Coloque las brochetas sobre la rejilla del asador y ase de 5 a 7.5 cm (2-3 in) de la fuente de calor, volteando una vez, hasta que los calamares estén ligeramente dorados, uno ó 2 minutos de cada lado. Pase a un plato.

Escurra prácticamente todo el caldo de los frijoles y deseche la hoja de laurel, chile, cebolla y rama de tomillo. Recaliente sobre calor bajo si fuera necesario.

Mezcle los frijoles con la mitad de la vinagreta. Mezcle las hortalizas con la vinagreta restante. Para servir apile una cuarta parte de las hortalizas sobre cada plato y cubra con una cuarta parte de los frijoles y 2 brochetas de calamares. Usando una cuchara cubra cada brocheta con un poco de salsa verde y acompañe a la mesa con la salsa restante.

RINDE 4 PORCIONES SERVIDO COMO PLATO PRINCIPAL

SALSA VERDE

La salsa verde fresca es deliciosa sobre prácticamente cualquier pescado o marisco a la parrilla. Para hacerla, en un tazón usando una cuchara de madera, machaque ¹⁄₂ taza (125 ml/4 fl oz) de aceite de oliva extra virgen con 1 rebanada de pan estilo campestre, remojado en agua y exprimido, para formar una pasta. Integre 1 taza (30 g/1 oz) de hojas de perejil liso (italiano) fresco, finamente picadas; 2 cucharadas de alcaparras, escurridas y finamente picadas; 4 filetes de anchoas enlatados en aceite, finamente picados; 3 dientes de ajo, finamente picados y 1 ó 2 cucharaditas de vinagre de vino tinto. Sazone al gusto con sal y pimienta recién molida.

OSTRAS A LA PARRILLA CON SALSA DE TOMATILLO

Prepare un asador de carbón o gas para asar a fuego alto. También puede usar el asador de su horno; precaliéntelo y forre la base de una charola para asar con papel aluminio. Engrase la rejilla del asador o la superficie de la charola para asar con una toalla remojada en aceite.

Para hacer la salsa coloque los tomatillos y el chile sobre la rejilla del asador a fuego directo o póngalos sobre la charola para asar y colóquela aproximadamente a 7.5 cm (3 in) de la fuente de calor. Ase aproximadamente 5 minutos de cada lado, hasta que estén suaves y ligeramente quemados. Pase los tomatillos a una licuadora. Retire el tallo del chile y agregue el chile y ajo a la licuadora. Muela hasta obtener una salsa gruesa. Pase a un tazón e integre la cebolla, cilantro, vinagre y jugo de limón. Sazone con sal y pimienta al gusto y mezcle. Divida entre 4 tazones pequeños y reserve.

Acomode las ostras sobre la rejilla del asador, colocando la parte redonda hacia abajo (para detener el licor), y tape el asador, o acomódelas sobre la charola para asar preparada y coloque ésta debajo del asador de su horno a 5 ó 7.5 cm (2-3 in) de la fuente de calor. Cocine de 4 a 8 minutos, hasta que las ostras se abran. Revise una o dos veces durante el tiempo de cocción y pase las ostras abiertas a un tazón. Quizás algunas ostras sólo se abran ligeramente.

Coloque 4 ostras sobre cada plato con un tazón de salsa en el centro. Adorne con las ramas de cilantro y sirva de inmediato; si fuera necesario, use un cuchillo para abrir ostras. También puede retirar las tapas y servirlas en sus valvas.

RINDE 4 PORCIONES SERVIDO COMO PRIMER PLATO

TOMATILLOS

Los tomatillos o tomates verdes tienen la misma forma que los jitomates pero en realidad son de la misma familia que las cerezas. Su textura es firme y el fruto tiene un sabor parecido al cítrico. Retire la cáscara apapelada y enjuague para retirar los residuos pegajosos antes de usarlos. Los tomatillos se pueden conseguir durante todo el año pero su mejor época es de agosto a noviembre. Búsquelos en los mercados o en tiendas de productos latinos y elija aquellos que justo hayan roto su cáscara. También puede usar tomatillos de lata, drenados.

PARA LA SALSA DE TOMATILLO:

375 g (³/₄ lb) de tomatillos o tomate verde, sin cáscara y enjuagados (vea explicación a la izquierda)

1 chile serrano verde

2 dientes de ajo

¼ taza (30 g/1 oz) de cebolla blanca, cortada en dados finos

½ taza (15 g/½ oz) compacta de hojas de cilantro fresco

1 cucharada de vinagre de arroz sazonado

1 cucharada de jugo de limón fresco

Sal de mar y pimienta recién molida

16 ostras grandes en su valva, talladas

Ramas de cilantro fresco, para adornar

PARRILLADA MIXTA CON SALSA ANCHOÏADE

Salsa anchoïade (vea explicación a la derecha)

2 colas de langosta fresca o congelada, descongelada, de 250 a 315 g (8-10 oz) cada una

Aceite de oliva extra virgen, para cubrir

Sal y pimienta blanca recién molida

500 g (1 lb) de filetes de pescado de carne firme como atún o salmón

12 callos de hacha grandes, limpios (página 108)

12 camarones gigantes (langostinos) con piel

12 mejillones negros grandes, enjuagados y sin barba (página 13)

12 almejas de cáscaras duras grandes, enjuagadas

12 ostras grandes en su valva, talladas

Rebanadas de limón, para adornar

Ramas de perejil liso (italiano) fresco, para adornar

Rebanadas gruesas de pan estilo francés o italiano, asadas y barnizadas por un lado con aceite de oliva, para acompañar

Alioli de especias (página 40) o salsa romesco (página 63), para acompañar (opcional)

Prepare un asador de carbón o gas para asar a fuego medio-alto. O forre la base de una charola para asar con papel aluminio. Remoje en agua 8 brochetas de madera durante 30 minutos, escurra. Haga la salsa anchoïade (vea explicación a la derecha). Precaliente el asador del horno, si lo usa. Engrase la rejilla del asador o la superficie de la charola para asar con una toalla remojada en aceite.

Usando un cuchillo grande para chef, corte las colas de langosta a la mitad en el centro. Usando tijeras de cocina, corte el cartílago del lado del caparazón de cada pieza de langosta. Cubra las colas de langosta por todos lados con aceite de oliva. Espolvoree el lado de la carne con sal y pimienta blanca.

Corte los filetes de pescado en cubos de 2.5 cm (1 in) y ensártelos en 4 brochetas. Ensarte alternadamente 3 callos de hacha y 3 camarones en cada una de las 4 brochetas. Barnice el pescado, callo de hacha y camarones con aceite de oliva y espolvoree con sal y pimienta.

Coloque los mejillones y almejas, con la parte redonda hacia abajo, sobre la rejilla o la charola, desechando aquellos que no se abran al tacto. Agregue las ostras, con la parte redonda hacia abajo. Coloque las brochetas de pescado y mariscos sobre la rejilla del asador o sobre la charola para asar preparada. Si asa a la parrilla, cúbrala. Si asa en el asador de su horno, coloque la charola debajo del asador a 5 ó 7.5 cm (2-3 in) de la fuente de calor. Cocine las brochetas de mariscos aproximadamente 1 1/2 minuto por cada lado, hasta que los camarones estén uniformemente rosados y el callo de hacha opaco y ligeramente dorado. Cocine el pescado 4 minutos de cada lado, hasta que esté totalmente opaco. Cocine las ostras, mejillones y almejas de 4 a 6 minutos, hasta que las almejas se abran, desechando aquellas que no se abran. Ase las colas de langosta cerca de 3 minutos de cada lado, hasta que los caparazones estén rojos y la carne esté totalmente opaca.

Pase el pescado y mariscos a un platón precalentado o a 4 platos. Adorne con los limones y el perejil y sirva de inmediato, acompañando con el pan y tazones individuales con salsa anchoïade y alguna otra salsa, si lo desea, para remojar el pan o untarlo con ella.

RINDE 4 PORCIONES SERVIDO COMO PLATO PRINCIPAL

ANCHOÏADE

Esta salsa de remojo de la Provenza, hecha de anchoas, también es muy buena como salsa de remojo para verduras crudas o asadas. Si la hace con menos aceite, se puede usar como unto para asar pan. Para hacer la anchoïade en una licuadora, mezcle 1/2 taza (125 ml/4 fl oz) de aceite de oliva extra virgen, 2 dientes de ajo, 4 anchoas en aceite, 1/4 taza (10 g/1/2 oz) de perejil liso (italiano) fresco finamente picado y 1 cucharada de jugo de limón y haga un puré terso. Vierta en un tazón pequeño y agregue pimienta recién molida al gusto.

SOPAS Y GUISADOS

La versatilidad de los pescados y mariscos se resalta en este capítulo, incluyendo recetas que varían desde sopas delicadas hasta guisados sustanciosos y que se extiende a las diferentes estaciones, desde un guisado de ostras para el invierno hasta un chowder de salmón que se disfruta mejor durante el verano. A diferencia de muchas sopas, aquellas hechas de pescados y mariscos sólo se tienen que cocer brevemente después de agregar estos, lo que las convierte en los platillos perfectos para cuando se tienen visitas de última hora.

BISQUE DE PESCADOS Y MARISCOS

En una olla pequeña sobre calor medio derrita 3 cucharadas de la mantequilla. Agregue los chalotes y saltee cerca de 3 minutos, hasta que estén traslúcidos. Añada los camarones, callo de hacha y carne de cangrejo y saltee aproximadamente 2 minutos, hasta que el callo de hacha empiece a opacarse. Agregue el jerez y saltee un minuto más. Retire del fuego y reserve.

En otra olla, sobre calor medio-bajo, derrita las 4 cucharadas restantes de mantequilla. Integre la harina para hacer un roux (vea la página 17) y cocine, moviendo constantemente, 2 ó 3 minutos; no deje que la mezcla se dore. Gradualmente integre, batiendo, el vermouth y el caldo. Agregue la media crema. Hierva a fuego lento durante 15 minutos, batiendo de vez en cuando para desarrollar el sabor y espesar ligeramente. Incorpore la mezcla de mariscos y cocine uno ó 2 minutos para calentar por completo. Sazone con sal y pimienta blanca al gusto.

Para servir vierta en tazones calientes poco profundos y adorne cada uno con un poco del estragón.

RINDE DE 4 A 6 PORCIONES SERVIDO COMO PRIMER PLATO

CALDO DE PESCADO

Un caldo de pescado proporciona sabor a cualquier sopa de pescado o mariscos, guisados y salsas; aunque en algunas recetas, como las sopas ligeras, quizás prefiera un sabor suave a caldo o consomé de pollo (página 111). El caldo de pescado se hace fácilmente en casa; tenga el hábito de guardar las cabezas y trozos de pescado, así como los caparazones de las langostas, camarones y cangrejos y congelarlos en recipientes separados hasta reunir la cantidad suficiente para hacer caldo (página 111). El caldo de pescado congelado de buena calidad se puede comprar en las tiendas especializadas en alimentos; se puede diluir para obtener la consistencia deseada. Muchas veces se sustituye por jugo de almeja embotellado, que es muy fácil de conseguir, algunas veces mezclado con caldo de pollo.

7 cucharadas (105 g/3 ¹/₂ oz) de mantequilla sin sal

3 chalotes, finamente picados

185 g (6 oz) de camarones pacotilla

185 g (6 oz) de callo de hacha de bahía

185 g (6 oz) de carne de cangrejo fresca, sin restos de concha, o carne de cangrejo congelada, descongelada y escurrida

¹/₄ taza (60 ml/2 fl oz) de jerez seco o Marsala

¹/₄ taza (45 g/1¹/₂ oz) de harina de trigo (simple)

¹/₂ taza (125 ml/4 fl oz) de vermouth blanco seco o vino blanco seco

4 tazas (1 l/32 fl oz) de caldo de pescado o caldo de camarón (página 111) ó 2 tazas (500 ml/16 fl oz) de jugo de almeja embotellado y la misma cantidad de caldo de pollo (página 111) o consomé de pollo preparado bajo en sodio

2 tazas (500 ml/16 fl oz) de media crema

Sal de mar y pimienta blanca molida

Estragón fresco, finamente picado, para adornar

SOPA DE MEJILLONES CON CREMA Y BRANDY

4 cucharadas (60 g/2 oz) de mantequilla sin sal

2 cebollitas de Cambray, incluyendo sus partes suaves de color verde, finamente picadas

1/2 taza (125 ml/4 fl oz) de vermouth blanco seco o vino blanco seco

4 tazas (1 l/32 fl oz) de caldo de pollo (página 111) o consomé de pollo preparado bajo en sodio

750 g – 1 kg (1 1/2 – 2 lb) de mejillones negros grandes, enjuagados y sin barba (página 13)

1/4 taza (45 g/1 1/2 oz) de harina de trigo (simple)

1/4 taza (60 ml/2 fl oz) de brandy

1/2 taza (125 ml/4 fl oz) de crema espesa (doble)

1 naranja, su jugo y ralladura

Sal de mar y pimienta blanca recién molida

Hojas de albahaca fresca, cortadas en tiras delgadas o perejil liso (italiano) fresco, finamente picado, para adornar

En una olla para sopa derrita la mantequilla sobre calor medio-bajo e integre las cebollitas de Cambray. Saltee cerca de 3 minutos, hasta que la parte blanca de las cebollitas esté traslúcida. Incorpore, batiendo, el vino blanco y cocine un minuto. Integre, batiendo, el caldo, eleve la temperatura a media-alta y hierva. Reduzca a fuego lento y agregue los mejillones, desechando aquellos que no se cierren al tacto. Tape la olla y cocine aproximadamente 3 minutos, hasta que se abran los mejillones. Usando una cuchara ranurada, pase los mejillones a un tazón. Deseche aquellos mejillones que no se hayan abierto.

Usando un cucharón pase 2 cucharones del líquido a un tazón pequeño e integre la harina, batiendo, hasta que esté suave. Vuelva a colocar la mezcla en la olla. Hierva el líquido sobre calor alto y bata durante un minuto. Reduzca el fuego y cocine cerca de 10 minutos para desarrollar el sabor y espesar ligeramente. Mientras tanto, retire los mejillones de sus cáscaras y deseche las cáscaras.

Justo antes de servir incorpore a la sopa el brandy, crema, jugo y ralladura de naranja y sal de mar y pimienta blanca al gusto. Vuelva a colocar los mejillones y el jugo acumulado en la olla. Hierva a fuego lento cerca de un minuto, hasta que los mejillones estén calientes. Sirva de inmediato en tazones poco profundos precalentados, adornando con la albahaca.

RINDE DE 4 A 6 PORCIONES SERVIDO COMO PLATO PRINCIPAL

JUGO Y RALLADURA DE CÍTRICOS

Cuando se usan el jugo y la ralladura de cítricos en una receta es más fácil retirar primero la ralladura, o sea la parte de color de la cáscara. Para hacer la ralladura use un rallador con una manija y raspas pequeñas, el cual por lo general es más filoso y fácil de usar que el rallador manual de cuatro lados. También puede usar un rallador Microplane. O use un rallador de cítricos estándar, un utensilio con cinco orificios en la punta el cual retira la ralladura en tiras delgadas, como se muestra en la fotografía superior, y posteriormente pique las tiras delgadas. Cuando una receta pide tiras largas de ralladura que se tienen que retirar antes de servir el platillo, use un pelador de verduras.

CHOWDER DE SALMÓN Y ELOTE

Corte el salmón en cubos de 2.5 cm (1 in). En una sartén derrita 1 cucharada de la mantequilla con 1 cucharada del aceite de oliva sobre calor medio. Agregue el salmón en tandas, conforme sea necesario para no apretar demasiado la sartén, y saltee cerca de 2 minutos, justo hasta que esté opaco en la superficie. Retire del fuego y reserve.

En una olla grande sobre calor medio derrita la cucharada restante de mantequilla con la cucharada restante de aceite de oliva. Agregue los chalotes y saltee aproximadamente 3 minutos, hasta que estén traslúcidos. Añada el caldo. Eleve la temperatura a alta y hierva el caldo. Reduzca la temperatura y agregue las papas. Tape parcialmente y cocine cerca de 15 minutos, hasta que las papas estén suaves.

En una licuadora mezcle $^1/_2$ taza (90 g/3 oz) de los granos de elote con $^1/_2$ taza (125 ml/4 fl oz) de la media crema. Haga un puré terso. Añada esta mezcla al chowder. Agregue la media crema restante y los granos de elote restantes y hierva a fuego lento cerca de 5 minutos, hasta que los granos de elote estén suaves pero crujientes. Integre el salmón y hierva a fuego lento aproximadamente 2 minutos, hasta que esté cocido. Sazone con sal y pimienta blanca al gusto.

Sirva de inmediato en tazones de sopa precalentados, adornando con las tiras de albahaca.

RINDE 4 PORCIONES SERVIDO COMO PLATO PRINCIPAL

CORTANDO GRANOS DE ELOTE DE UNA MAZORCA

Detenga una mazorca de elote por su punta, colóquela verticalmente en ángulo inclinado, apoyando la punta de su tallo en la base de un tazón ancho. Usando un cuchillo filoso corte a lo largo de la mazorca, retirando 3 ó 4 filas de los granos de elote a la vez, rotando la mazorca ligeramente después de cada corte. Corte lo más cerca de la mazorca que le sea posible. Continúe la operación hasta que haya retirado todos los granos de elote. Para obtener todo el jugo posible para aquellas recetas que lo soliciten, una vez que haya retirado todos los granos de elote coloque la mazorca sobre su orilla y raspe con la parte lisa de un cuchillo, para sacar la leche restante del elote.

500 g (1 lb) de filetes de salmón, sin piel ni espinas

2 cucharadas de mantequilla sin sal

2 cucharadas de aceite de oliva extra virgen

2 chalotes, finamente picados

4 tazas (1 l/32 fl oz) de caldo de pollo (página 111) o consomé de pollo preparado bajo en sodio

4 papas rojas con piel, cortadas en dados de 12 mm ($^1/_2$ in)

2 tazas (375 g/12 oz) de granos de elote (aproximadamente de 4 mazorcas)

1 taza (250 ml/8 fl oz) de media crema

Sal de mar y pimienta blanca molida

Albahaca fresca en tiras delgadas, para adornar

GUISADO DE OSTRAS

3 cucharadas de mantequilla sin sal

2 chalotes, finamente picados

4 tallos de apio, incluyendo sus hojas, finamente picados

1 cucharadita de semillas de apio

¹/₄ taza (60 ml/2 fl oz) de vermouth blanco seco o vino blanco seco

1 taza (250 ml/8 fl oz) de caldo de pescado (página 111) o jugo de almeja embotellado

3 tazas (750 ml/24 fl oz) de caldo de pollo (página 111) o consomé de pollo preparado bajo en sodio

Sal y pimienta blanca recién molida

¹/₂ taza (125 ml/4 fl oz) de crema espesa (doble)

940 g (30 oz) de ostras pequeñas en frasco, con su líquido (página 108)

¹/₂ ó 1 cucharadita de páprika húngara dulce, o al gusto, más la necesaria para adornar (opcional)

Perejil liso (italiano) fresco, finamente picado

En una olla para sopa sobre calor medio, derrita 2 cucharadas de la mantequilla. Agregue los chalotes y saltee cerca de 3 minutos, hasta que estén traslúcidos. Añada el apio y las semillas de apio y saltee aproximadamente 2 minutos, hasta que el apio esté brillante. Integre el vermouth y cocine 3 ó 4 minutos para evaporar un poco del alcohol. Incorpore el caldo de pescado, caldo de pollo, sal y pimienta blanca al gusto. Reduzca el calor a bajo, tape y hierva a fuego lento cerca de 15 minutos.

Añada la crema y caliente 2 ó 3 minutos. Incorpore las ostras y cocine, sin tapar, aproximadamente 3 minutos, hasta que se hinchen y sus orillas se hayan enchinado. Incorpore la cucharada restante de mantequilla y páprika al gusto. Pruebe y rectifique la sazón.

Para servir vierta en tazones precalentados y adorne cada porción con un poco de páprika, si lo desea, y un poco del perejil.

Para servir: Acompañe con rebanadas gruesas de pan campestre asado o tostado y barnizado con mantequilla derretida para remojar en el guisado.

RINDE 4 Ó 6 PORCIONES SERVIDO COMO PLATO PRINCIPAL

APIO Y SEMILLAS DE APIO
El dulce y salado sabor de las ostras frescas combina a la perfección con los sabores vivos y ligeros del apio y del anís dulce. Esta receta lleva tallos, semillas y hojas de apio para complementar las ostras; los tallos y hojas agregan una textura ligeramente crujiente, mientras que las semillas resaltan el sabor puro del apio. Las semillas de apio se venden en frascos en la sección de especias de la mayoría de los supermercados y tiendas especializadas en alimentos.

GUISADO DE PESCADO ESTILO MEDITERRÁNEO

LIMPIANDO CAMARONES
Empezando por la cabeza del
camarón retire sus patas y piel,
dejando la porción de la cola
adherida, si lo desea. (Reserve
las pieles y congélelas hasta
que acumule las suficientes
para hacer caldo de camarón,
página 111, si lo desea.) El
intestino de los camarones es
comestible pero a menudo se
retira para obtener una mejor
apariencia o en los camarones
más grandes debido a que
algunas veces tiene una
textura arenosa. Para limpiar
los camarones use un cuchillo
mondador y haga un corte
poco profundo en la curva
exterior del camarón. Jale el
intestino con la punta del
cuchillo y deseche.

Pique finamente la cebolla, tallo de apio (incluyendo sus hojas), zanahoria y ajo. Pique finamente las anchoas. Escurra y pique los jitomates, reservando su jugo. Tueste y ralle el azafrán (página 36) y disuélvalo en 1 cucharada de agua caliente.

En una olla para sopa caliente 4 cucharadas (60 ml/2 fl oz) de aceite de oliva sobre calor medio. Agregue la cebolla, apio y zanahoria y saltee aproximadamente 3 minutos, hasta que la cebolla esté traslúcida. Añada el ajo, tomillo, hojuelas de chile rojo y anchoas y saltee cerca de 3 minutos, hasta que la mezcla aromatice y las anchoas se hayan desbaratado. Agregue el vino y hierva a fuego lento cerca de 10 minutos, hasta que se reduzca a la mitad. Añada los jitomates (pero no su jugo), el caldo de pescado, 1 taza (250 ml/8 fl oz) de agua, mezcla de azafrán, hoja de laurel y romero. Reduzca a fuego medio-bajo y hierva durante 15 minutos. Pruebe y rectifique la sazón. Agregue un poco del jugo de tomate reservado si desea agregar más líquido o más sabor a jitomate.

Justo antes de servir agregue los filetes de pescado, tape y hierva a fuego lento cerca de 2 minutos, hasta que estén opacos. Añada las almejas, desechando aquellas que no se cierren al tacto, tape y hierva a fuego lento cerca de 6 minutos, hasta que la mayoría de las almejas se hayan abierto. Agregue los mejillones, desechando aquellos que no se cierren al tacto, tape y cocine 3 ó 4 minutos, hasta que se abran. Deseche aquellas almejas y mejillones que no se hayan abierto. Añada los camarones y cocine, sin tapar, cerca de 2 minutos, hasta que estén de color rosado. Retire del fuego y sazone con sal al gusto.

Deseche la hoja de laurel. Sirva en tazones grandes precalentados, espolvoreando con el perejil y rociando con un poco de aceite de oliva.

Nota: Para este guisado puede usar pargo, bacalao malvo o tilapia. Si usa caldo de pescado hecho en casa obtendrá un sabor diferente; sin embargo, puede sustituirlo por 2 tazas (500 ml/16 fl oz) de jugo de almeja embotellado más 2 tazas de caldo de pollo (página 111) o consomé de pollo preparado bajo en sodio.

RINDE 6 PORCIONES SERVIDO COMO PLATO PRINCIPAL

½ **cebolla amarilla o blanca pequeña**

1 **tallo de apio**

1 **zanahoria, sin piel**

3 **dientes de ajo**

2 **anchoas en aceite**

1 **lata (455 g/14½ oz) de jitomates**

1 **pizca de hilos de azafrán**

Aceite de oliva extra virgen

1 **cucharadita de tomillo fresco**

½ **cucharadita de hojuelas de chile rojo**

1 **taza (250 ml/8 fl oz) de vermouth blanco seco o vino blanco seco**

4 **tazas (1 l/32 fl oz) de caldo de pescado (página 111) (vea Nota)**

1 **hoja de laurel**

1 **rama de romero fresco**

1 **kg (2 lb) de filetes de pescado firmes de carne blanca, cortados en trozos del tamaño de un bocado**

12 **almejas littleneck o Manila, enjuagadas**

12 **mejillones negros, enjuagados y sin barbas (página 13)**

375 **g (12 oz) de camarones grandes (langostinos), sin piel y limpios (vea explicación a la izquierda)**

Sal de mar

3 **cucharadas de perejil liso (italiano) fresco, finamente picado**

OCASIONES ESPECIALES

Algunos tipos de pescados y mariscos parecen estar destinados para las celebraciones especiales; a menudo se eligen las delicadas y lujosas langostas, cangrejos y callos de hacha para celebrar las fiestas del Año Nuevo o las cenas románticas, pero pueden convertir cualquier ocasión en algo especial. Desde las clásicas botanas hechas con almejas y un pescado entero cocinado al vapor o la langosta Maine cocida, todas las recetas de este capítulo deleitarán a sus invitados.

OREGANATA DE ALMEJAS

LIMPIANDO ALMEJAS
Las almejas son fáciles de limpiar, pero para ahorrar tiempo usted puede pedir al pescadero que las limpie por usted y le reserve sus valvas. Si usted desea limpiarlas, detenga un cuchillo para almejas u ostras en una de sus manos y detenga una almeja con su otra mano, protegida con un guante grueso o térmico. Detenga la almeja sobre un tazón para guardar su jugo, inserte la hoja del cuchillo entre las valvas, en el punto en que se unen formando un corazón sobre la base, y gire para abrirlas. Corte el músculo que la adhiere a la tapa y despréndala. Corte el músculo que la adhiere a la base y coloque la carne en el tazón.

Para hacer las migas de pan seco coloque el pan en un horno a temperatura baja (95º C/200º F) durante una hora, para secarlo sin dorarlo. Cuando el pan esté seco, despedácelo en trozos y muela en un procesador de alimentos o licuadora hasta convertirlo en migas finas, o colóquelo dentro de una bolsa de plástico resistente y presione con un rodillo. Reserve ¹/₄ taza (30 g/1 oz) del pan molido.

Precaliente el asador de su horno. Cuele el jugo de las almejas a través de un trozo de manta de cielo doble remojado (muselina).

En cada uno de 4 platos refractarios individuales poco profundos, coloque 6 de las valvas reservadas y coloque una almeja en cada una. En un tazón pequeño, mezcle el jugo de almeja colado, el aceite de oliva, vinagre, ajo y hojuelas de chile rojo. Bata hasta integrar por completo. Usando una cuchara, sirva aproximadamente 3 cucharadas de la mezcla sobre las almejas en cada plato.

En un tazón pequeño mezcle las migas de pan, orégano y mejorana hasta incorporar por completo. Rocíe ligeramente con aceite de oliva y mezcle una vez más para cubrir las migas. Espolvoree cada almeja con una pizca generosa de la mezcla de migas de pan. Coloque los platos debajo del asador, aproximadamente a 7.5 cm (3 in) de la fuente de calor y ase uno ó 2 minutos, hasta que las migas se tuesten y las almejas estén opacas. Sirva de inmediato.

Para servir: Sirva con rebanadas gruesas de pan campestre para remojarlo en el aceite sazonado y con un tazón de sal de mar para espolvorear si se desea (las almejas por naturaleza son bastante saladas).

RINDE 4 PORCIONES SERVIDO COMO PRIMER PLATO

1 rebanada de pan estilo campestre

24 almejas littleneck o Manila, enjuagadas y limpias (vea explicación a la izquierda), reservando sus jugos y las 24 valvas profundas

¹/₄ taza (60 ml/2 fl oz) de aceite de oliva extra virgen, más el necesario para rociar

1 cucharada de vinagre de vino tinto

1 diente de ajo, finamente picado

1 pizca de hojuelas de chile rojo

1 cucharada de orégano fresco, finamente picado

1 cucharada de mejorana fresca o perejil liso (italiano), finamente picado

CALLO DE HACHA SALTEADO CON BEURRE BLANC AL LIMÓN

30 callos de hacha, limpios (página 108)

Sal de mar y pimienta blanca recién molida

Aceite de canola o de semilla de uva, para saltear

PARA LA BEURRE BLANC DE LIMÓN:

1 cucharada de jugo de limón fresco

1 cucharada de vermouth blanco seco o vino blanco seco

1 chalote pequeño, finamente picado

³/₄ taza (185 g/6 oz) de mantequilla sin sal, fría, cortada en 12 trozos

Sal y pimienta blanca recién molida

Cebollín fresco, finamente picado, para adornar

Seque el callo de hacha con toallas de papel. Sazone por ambos lados con sal y pimienta blanca al gusto. Cubra la base de una sartén grande para saltear con aceite y caliente sobre calor medio-alto hasta que brille. Agregue el callo de hacha en tandas, conforme sea necesario para no apretar demasiado la sartén, y selle por ambos lados, cerca de un minuto por cada lado, hasta que estén ligeramente dorados. Usando una espátula de metal ranurada pase el callo de hacha a un platón y colóquelo en el horno a temperatura baja (95º C /200º F) para mantenerlo caliente.

Para hacer la beurre blanc de limón mezcle el jugo de limón, vermouth y chalote en una olla pequeña y gruesa de material no reactivo. Hierva sobre calor medio-bajo y cocine hasta que el líquido se reduzca aproximadamente a 1 cucharadita. Retire la sartén del fuego y, usando un batidor, incorpore 1 trozo de mantequilla y posteriormente un segundo trozo. Coloque la sartén sobre calor muy bajo e integre, batiendo, la mantequilla restante, un trozo a la vez, para hacer una salsa emulsificada. Retire del fuego e incorpore, batiendo, sal y pimienta blanca al gusto.

Vierta la beurre blanc sobre el callo de hacha y espolvoree libremente con el cebollín. Sirva de inmediato.

RINDE 6 PORCIONES SERVIDO COMO PLATO PRINCIPAL

ACEITE DE CANOLA Y ACEITE DE SEMILLA DE UVA

Tanto el aceite de canola como el aceite de semilla de uva son aceites suaves que agregan muy poco de su sabor o ningún sabor adicional a los alimentos. El aceite de canola es alto en grasas monoinsaturadas saludables, mientras que el aceite de semilla de uva, que no se puede encontrar tan fácilmente, es alto en ácido linoléico saludable. Ambos se pueden calentar a temperaturas muy altas para saltear sin que se quemen.

ENSALADA DE CANGREJO Y CAMARÓN CON AGUACATE Y NARANJAS

Para hacer la cebolla marinada corte la cebolla transversalmente en rebanadas de 3 mm (¹/₈ in). Coloque las rebanadas en un tazón pequeño y mezcle con el vinagre de frambuesa, sal kosher y azúcar. Deje reposar cerca de 30 minutos para suavizar y sazonar la cebolla. Escurra.

Mientras tanto, coloque una vaporera plegable en una olla con aproximadamente 1 cm (¹/₂ in) de agua (el agua no deberá tocar la vaporera) y hierva a fuego medio-alto. Agregue los camarones, tape, reduzca a temperatura media y cocine los camarones al vapor cerca de 2 minutos, hasta que estén uniformemente rosados, moviendo una vez si fuera necesario. Retire del fuego y deje enfriar hasta que pueda tocarlos. Retire la piel y limpie los camarones (página 86), dejando sus colas intactas si lo desea. Pele las naranjas y separe en gajos, reservando su jugo (vea explicación a la izquierda).

Para hacer el aderezo mezcle en un tazón pequeño el aceite de oliva, vinagre de jerez, ¹/₂ cucharada de jugo de limón, 1 cucharada del jugo de naranja reservado, sal de mar y pimienta blanca al gusto y bata hasta incorporar por completo. Pruebe y rectifique la sazón agregando un poco más de jugo de limón si fuera necesario.

En un tazón grande mezcle el berro, lechuga y ramas de cilantro. Reserve 2 cucharadas del aderezo, agregue el resto sobre las hortalizas y mezcle. Pase a un tazón o platón grande y poco profundo o divida entre 4 tazones individuales. Acomode el cangrejo, camarones, gajos de naranja y rebanadas de aguacate sobre las hortalizas y bañe con el aderezo restante. Esparza la cebolla marinada sobre la ensalada y adorne con la ralladura de naranja. Sirva de inmediato.

Variación: Sustituya las naranjas por 1 mango grande; separe la pulpa del hueso (página 60), retire la piel de las mitades de mango y córtelas en rebanadas. Sustituya el jugo de naranja en el aderezo por jugo de limón fresco.

RINDE 4 Ó 6 PORCIONES SERVIDO COMO PLATO PRINCIPAL

DESGAJANDO NARANJAS
Usando un cuchillo de chef corte la parte superior e inferior de una naranja, llegando hasta su pulpa. Coloque la naranja verticalmente sobre una tabla para picar y use el cuchillo para retirar la cáscara hasta llegar a la pulpa en tiras verticales. Detenga la naranja sobre un tazón, use el cuchillo para cortar ambos lados de las membranas para desprender los gajos y dejarlos caer en el tazón. Cuando todos los gajos se hayan desprendido, exprima las membranas para extraer todo el jugo.

PARA LA CEBOLLA MARINADA:

1 cebolla morada pequeña

¹/₄ taza (60 ml/2 fl oz) de vinagre de vino tinto o frambuesa

1 pizca generosa de sal kosher

1 pizca generosa de azúcar

12 ó 18 camarones grandes (langostinos) con piel

2 naranjas navel grandes, más la ralladura de 1 naranja

6 cucharadas (90 ml/3 fl oz) de aceite de oliva extra virgen

1 cucharada de vinagre de jerez

¹/₂ cucharada de jugo de limón fresco o más, al gusto

Sal de mar y pimienta blanca

2 manojos de berro, con tallo

1 lechuga morada, hojas separadas y troceadas en piezas grandes

1 manojo de ramas de cilantro fresco

250–375 g (8–12 oz) de carne de cangrejo fresca, sin trozos de caparazón

1 aguacate grande maduro, sin hueso ni piel y cortado longitudinalmente en rebanadas

RISOTTO DE LANGOSTA CON ACEITE DE TRUFA BLANCA

5 tazas (1.25 l/40 fl oz) de caldo de langosta (página 111) (vea Nota)

2 colas de langosta de Juan Fernández (rock) frescas o congeladas, descongeladas, de aproximadamente 315 g (10 oz) cada una (vea explicación a la derecha)

2 cucharadas de mantequilla sin sal

2 cucharadas de aceite de oliva extra virgen

2 chalotes, finamente picados

2 tazas (440 g/14 oz) de arroz Arborio

$^1/_2$ taza (125 ml/4 fl oz) de vermouth blanco seco o vino blanco seco

Sal de mar y pimienta blanca recién molida

Cebollín fresco cortado, para adornar

Aceite de trufa blanca, para rociar

En una olla hierva el caldo sobre calor medio-alto hasta que suelte un hervor suave. Agregue las colas de langosta, tape y cocine 5-6 minutos, hasta que estén totalmente opacas. Usando unas pinzas, pase las colas de langosta a un plato y deje enfriar. Usando unas tijeras de cocina y guantes gruesos corte a través del cartílago a cada lado de la parte inferior de cada cola; tenga cuidado con las espinas filosas. Jale la carne para sacarla del caparazón superior. Corte la carne en dados de 12 mm ($^1/_2$ in) y reserve.

Vuelva a hervir el caldo sobre fuego lento. En una olla ancha y gruesa sobre calor medio derrita la mantequilla con el aceite de oliva. Agregue los chalotes y saltee cerca de 3 minutos, hasta que estén traslúcidos. Agregue el arroz y mezcle cerca de 3 minutos, hasta que esté bien cubierto. Añada el vermouth y mezcle hasta que se haya absorbido casi por completo. Incorpore $^1/_2$ taza (125 ml/4 fl oz) del caldo hirviendo y mezcle hasta que casi se haya absorbido por completo; una espátula plana es ideal para hacerlo. Continúe agregando el caldo en medidas de $^1/_2$ taza, moviendo después de cada adición, hasta que se haya absorbido casi por completo. Después de 20 minutos pruebe el risotto; cuando esté listo deberá estar firme pero tierno. Quizás tenga que cocinarlo 5-10 minutos más, dependiendo del arroz. Si usó todo el caldo continúe cociéndolo agregando $^1/_2$ taza de agua caliente a la vez, hasta que el risotto esté listo. Agregue sal de mar y pimienta blanca al gusto. Incorpore la langosta y cocine uno ó 2 minutos para calentarlo por completo. Añada un poco más de caldo o agua caliente si quiere un risotto más suelto y no tan pegajoso.

Sirva inmediatamente en tazones poco profundos precalentados, adornando con el cebollín. Pase el aceite de trufa a la mesa.

Nota: Este risotto es ideal para hacerse con caldo de langosta (página 111), pero también puede usar caldo de camarón (página 111), caldo de pescado (página 111), caldo de pescado congelado, descongelado y diluido o una mezcla de la mitad de caldo de pollo (página 111) y la mitad de jugo de almeja embotellado.

RINDE 6 PORCIONES SERVIDO COMO PRIMER PLATO Ó 4 PORCIONES SERVIDO COMO PLATO PRINCIPAL

COLAS DE LANGOSTA

Las carnosas y suaves colas de langosta que se venden comercialmente, provienen de la langosta espinosa o langosta de Juan Fernández. Esta langosta no tiene pinzas y tiene más carne en su cola que la langosta Maine. Su temporada es breve, por lo que las colas por lo general se venden congeladas. Descongélelas en el refrigerador durante la noche o en una bolsa de plástico grueso con cierre hermético sumergida en un tazón con agua fría aproximadamente durante 4 horas. Las mejores colas de langosta son las de agua fría de Australia. Si es posible, pida a su pescadero que le consiga estas colas de langosta grandes; las más pequeñas que se venden en bolsas de plástico en los supermercados no tienen tanta carne.

CANGREJO AL AJILLO CON SPAGHETTINI

Llene una olla para consomé con suficiente agua para cubrir el cangrejo y hervir sobre fuego alto. Llene un tazón grande o la tarja de su fregadero con agua fría y hielo para hacer un baño de hielo. Agregue $^1/_4$ taza (60 g/2 oz) de sal kosher al agua hirviendo. Sumerja el cangrejo en la olla. Tape inmediatamente la olla y escuche para determinar el momento en que el agua suelte el hervor; esto puede tardar algunos minutos. Reduzca el fuego a medio-alto y cocine el cangrejo Dungeness durante 20 minutos, los cangrejos azules 10 minutos, contando desde el momento en que el agua haya soltado el hervor. Usando unas pinzas retire el cangrejo de la olla. Páselo al baño de hielo y deje enfriar 10 minutos. Limpie el cangrejo cocido como se describe en las páginas 108 y 109, reservando la mantequilla de cangrejo. Usando un cuchillo grande para chef y corte el cangrejo a la mitad de arriba hacia abajo. Corte cada mitad en trozos, cada uno adherido a una pata o a una pinza. Rompa las patas o pinzas con un mazo para cangrejo, tajo de carnicero o martillo, pero deje la carne en el caparazón.

Hierva en una olla tres cuartas partes de agua y agregue una buena cantidad de sal kosher. Agregue la pasta, mezcle y cocine, cerca de 6 minutos, moviendo una o dos veces, hasta que esté al dente.

Mientras tanto, en una sartén grande para freír derrita la mantequilla con el aceite de oliva sobre calor medio. Añada el ajo y las hojuelas de chile rojo al gusto y saltee cerca de un minuto, hasta que aromatice. Añada los trozos de cangrejo, con su carne aún en el caparazón, y saltee cerca de 3 minutos, hasta que estén bien cubiertos. Incorpore la mantequilla de cangrejo reservada.

Escurra la pasta y colóquela en un tazón precalentado. Añada el cangrejo y mezcle. Incorpore el jugo de limón, perejil y sal de mar al gusto; vuelva a mezclar. Sirva de inmediato. Acompañe con ganchos para langosta, pinchos o tenedores para pescado para poder sacar la carne de cangrejo del caparazón y proporcione a los comensales cíos, bastantes servilletas y un plato para colocar los caparazones vacíos.

Nota: También puede hacer este platillo con cangrejos cocidos comprados.

RINDE 4 PORCIONES SERVIDO COMO PLATO PIRNCIPAL

1 cangrejo **Dungeness** vivo de aproximadamente de 1.25 kg (2$^1/_2$ lb) ó 4 cangrejos de caparazón duro de color azul (vea **Nota**) de aproximadamente 1 kg (2 lb) en total

Sal kosher

500 g (1 lb) de pasta de **spaghettini**

4 cucharadas (60 g/2 oz) de **mantequilla sin sal**

$^1/_2$ taza (125 ml/4 fl oz) de **aceite de oliva extra virgen**

6 dientes de **ajo** grandes, finamente picados

Hojuelas de chile rojo

2 cucharadas de **jugo de limón** fresco

$^1/_2$ taza (20 g/$^3/_4$ oz) de **perejil liso (italiano)** fresco, finamente picado, para adornar

Sal de mar

PESCADO AL VAPOR CON SALSA DE REMOJO

1 pargo, huachinango, robalo rayado, pámpano u otro pescado con carne suave y dulce de aproximadamente 1.5 kg (3 lb), limpio

½ cucharada de vino de arroz chino o jerez seco

Aceite de chile

1 trozo de jengibre de 2.5 cm (1 in), sin piel y en lajas

2 cebollitas de Cambray, incluyendo sus partes suaves de color verde, cortadas longitudinalmente en lajas

PARA LA SALSA DE REMOJO:

¼ taza (60 ml/2 fl oz) de vinagre de arroz

1 cucharada de tamari o salsa de soya ligera

1 cucharada de cilantro fresco, finamente picado

1 diente de ajo, finamente picado

Ramas de cilantro fresco, para adornar

Enjuague el pescado y seque con toallas de papel. Frote el interior del pescado con el vino y 2 ó 3 chorritos de aceite de chile. Coloque el jengibre y las lajas de cebollita de Cambray dentro del pescado.

En un wok grande con tapa o una olla grande para consomé hierva 5 cm (2 in) de agua sobre calor alto. Reduzca el fuego. Coloque el pescado sobre un plato y rocíe ligeramente el agua de la olla con el aceite de chile. Coloque el plato con el pescado sobre un tripié o un tic-tac-toe de palillos chinos colocado en el wok y tape el wok. Si usa una olla para consomé coloque un tazón pequeño de metal en la olla y ponga el plato sobre el tazón; tape la olla. Cocine el pescado cerca de 20 minutos, hasta que esté totalmente opaco.

Mientras tanto haga la salsa de remojo. Mezcle el vinagre, ¼ taza (60 ml/2 fl oz) de agua, el tamari, cilantro y ajo y divida entre 4 tazones pequeños.

Sirva el pescado entero sobre un platón precalentado, adornando libremente con las ramas de cilantro y proporcione a cada comensal un tazón pequeño con la salsa de remojo.

RINDE 4 PORCIONES SERVIDO COMO PLATO PRINCIPAL

TAMARI

Tamari se refiere a la salsa de soya japonesa tradicional que se hace sin trigo, aunque hoy en día este término se da a muchas salsas de soya estilo japonés. La salsa de soya "oscura" (*shoyu*) es equivalente a la salsa de soya china clara. La salsa de soya y el jengibre a menudo complementan pescados, tanto en la cocina china como en la japonesa.

LANGOSTA MAINE COCIDA CON DOS MANTEQUILLAS CLARIFICADAS

Llene una olla grande con suficiente agua para cubrir las langostas y hierva sobre calor alto. Agregue la sal kosher. Mientras tanto retire las langostas del refrigerador; deje las ligas de goma en sus pinzas. (Haga esto en tandas si fuera necesario.) Sumerja las langostas, con la cabeza hacia abajo, en el agua hirviendo. Tape la olla y escuche para determinar el momento en que el agua suelte el hervor; esto puede tardar 5 ó 6 minutos. Reduzca el fuego a medio-alto y cocine las langostas de 625 g (1¹/₂ lb) durante 9 ó 10 minutos, contando desde el momento en que el agua soltó el hervor.

Mientras tanto haga las mantequillas clarificadas. En una olla pequeña derrita la mantequilla sobre fuego bajo. Retire del fuego y deje reposar 2 ó 3 minutos. Vierta la mantequilla derretida de color amarillo claro, dividiéndola entre 2 tazones pequeños y dejando los sólidos de leche de color blanco en la base de la olla. Agregue el jugo de limón, eneldo y sal de mar al gusto a un tazón; añada la páprika y sal de mar al gusto al otro tazón. Agite ambas mezclas. Coloque ambos tazones de mantequilla clarificada en un horno bajo (95º C /200º F) para mantenerlas calientes.

Usando unas pinzas retire las langostas de la olla y enjuague bajo el chorro de agua fría unos segundos. Retire las ligas de goma de las pinzas. Para escurrir inserte un cuchillo en la cabeza de cada langosta, entre los ojos, y sujete la langosta sobre el fregadero, deteniendo primero por su cola, después por sus pinzas y después por su cola una vez más.

Sirva cada langosta en un platón grande. Adorne con ramas de eneldo y rebanadas de limón. Divida cada mantequilla clarificada entre 4 tazones individuales y coloque un tazón de cada una junto a cada langosta. Acompañe cada langosta con una servilleta grande, un cío y unas pinzas para langosta o cascanueces, tijeras de cocina y ganchos para langosta, ganchos para nueces o tenedores para pescado. Coloque un tazón en el centro de la mesa para desechar los caparazones vacíos.

RINDE 4 PORCIONES SERVIDO COMO PLATO PRINCIPAL

MANTEQUILLA CLARIFICADA

La mantequilla clarificada es simplemente mantequilla que se ha derretido y vertido, "liberando" el líquido claro de color amarillo, separándolo de la espuma blanca o residuo lácteo (suero). La mantequilla derretida o clarificada es cotizada en la cocina, debido a que se puede calentar a una temperatura más alta que la mantequilla regular sin que ésta se queme; también se puede almacenar por varios meses sin que se haga rancia. Cuando se sirve caliente, esta mantequilla líquida y transparente es una salsa de remojo comúnmente usada para la langosta.

4 langostas Maine vivas de 625–750 g (1¹/₄ – 1¹/₂ lb) cada una

¹/₄ taza (60 g/2 oz) de sal kosher

PARA LAS MANTEQUILLAS CLARIFICADAS DE LIMÓN CON ENELDO Y DE PÁPRIKA:

1 taza (250 g/8 oz) de mantequilla sin sal

Jugo de ¹/₂ limón o al gusto

1 cucharada de eneldo fresco, finamente picado

Sal de mar

1 cucharadita de páprika húngara dulce o picante o pimentón picante (página 31)

Ramas de eneldo fresco, para adornar

Rebanadas de limón, para adornar

TEMAS BÁSICOS SOBRE PESCADOS Y MARISCOS

Los pescados y mariscos son preciados por ser frescos y deliciosos; la meta de los buenos cocineros es preservar estas cualidades desde la tienda hasta la mesa. Esta sección incluye toda la información básica que usted necesitará para comprar y preparar prácticamente cualquier tipo de pescados y mariscos, así como una lista del equipo para cocinarlos, consejos sobre cómo cocinarlos y servirlos y recetas básicas como el caldo de pescado y el caldo de mariscos.

ACERCA DEL PESCADO

Rápido de preparar, bajo en grasas y con un sabor delicioso, el pescado es un alimento casi perfecto. La gran variedad de pescados se puede dividir en pescados de agua dulce o agua salada, redondos o planos y magros o grasos. Los tipos de pescado que se encuentran más a menudo en las cocinas son: los pescados redondos con carne blanca y suave como el halibut y el pargo colorado; los pescados planos que se comen enteros o en filetes como el lenguado; y los pescados redondos que tienen más grasa y una textura carnosa, como la macarela, salmón y atún. Los pescados de la misma categoría a menudo se pueden sustituir indistintamente entre ellos en las recetas.

Cuando compre pescados, busque aquellos que tengan ojos brillantes, que no huelan a pescado y cuya carne esté firme al tacto. Planee cocinar el pescado fresco en las siguientes 24 horas a su compra y almacénelo en su envoltura original en la parte más fría de su refrigerador. Si refrigera el pescado durante la noche, es mejor colocar el paquete en una bolsa de plástico con cierre hermético y almacenarlo sobre cubos de hielo colocados en un refractario o simplemente colocar el paquete sobre empaques congelados para hieleras. Retire los pescados o mariscos del refrigerador aproximadamente 30 minutos antes de cocinarlos.

RETIRANDO LA PIEL A LOS FILETES

La mayoría de los filetes se venden sin piel, aunque el pescado que tiene piel relativamente gruesa, como el salmón, por lo general se vende con su piel. En muchos casos es recomendable cocinar los filetes con su piel, ya que ésta ayuda a mantener la carne unida y la piel grasosa; también ayuda a mantener el pescado húmedo. Si usted prefiere servir el pescado sin piel, simplemente retírela después de cocinarlo. También puede retirar la piel mientras come el pescado.

RETIRANDO LAS ESPINAS

El salmón, halibut y algunos otros tipos de filetes de pescado fresco tienen espinas, las cuales están adheridas al pescado como alfileres rectos y deben retirarse antes de cocinarlos. Pase sus dedos sobre la superficie del filete en la parte más gruesa; usted debe sentir el espinazo, el cual estará cerca del centro y se extenderá hacia abajo, en ángulo, dentro del pescado. Usando unas pinzas para pescado, unas pinzas de punta o unas pinzas normales, jale cada espina en la dirección de su inclinación para retirarla. También revise las orillas de los filetes y retire las espinas pequeñas que tenga el pescado.

BENEFICIOS DEL PESCADO

Todos los pescados son ricos en proteína y de fácil digestión, además de que la mayoría de ellos son bajos en grasa. Aquellos que no lo son, como el salmón, son ricos en los saludables ácidos grasos omega-3, los cuales ayudan a reducir el colesterol. Por estas razones muchos nutriólogos recomiendan comer pescado por lo menos una o dos veces a la semana. Sin embargo, recientemente, el alto contenido de mercurio en algunos pescados ha causado alarma y los pescaderos han sido advertidos de anotar el contenido de mercurio en los pescados que venden. Los pescados altos en mercurio incluyen pez espada, lofotálito, caballa gigante y tiburón. Estos pescados no deben ser ingeridos por mujeres embarazadas, mujeres en lactancia, niños pequeños y aquellas mujeres que puedan estar embarazadas. El salmón no se incluye en esta categoría, pero el salmón cultivado puede ser alto en toxinas; elija salmón silvestre siempre que le sea posible.

PECES EN PELIGRO DE EXTINCIÓN

Algunas de las variedades más populares de pescado ahora son consideradas en peligro de extinción, debido a la extensa pesca o a la contaminación. Estos incluyen: el bacalao de profundidad, pez espada, reloj anaranjado (orange roughy) y bacalao. La lista de los pescados en peligro de extinción algunas veces cambia y existe información en la red, como el *Monterey Bay Aquarium´s Seafood Watch*. Ya que existen tantos tipos de pescado, no se deben comprar aquellos en peligro de extinción. Pregunte al pescadero cuáles tipos de pescado pueden sustituirlos.

ACERCA DE LOS MARISCOS

Los mariscos se pueden dividir en dos categorías principales: crustáceos y moluscos. Los crustáceos, los cuales incluyen cangrejos, langostas y camarones, tienen cuerpos largos y articulados con corazas robóticas, mientras que los moluscos pueden tener un caparazón (abulón y caracoles), dos valvas (almejas, ostras y callo de hacha) o no tener recubrimientos (calamares, pulpo). Muchos mariscos frescos como las almejas, langostas, mejillones, ostras y cangrejo se compran vivos; no deben guardarse en bolsas de plástico ni sumergirse en agua pues se mueren.

CAMARONES

Los camarones (langostinos) varían en color yendo del café, gris o blanco al rallado o punteado. Varían en tamaño desde los camarones diminutos que se venden cocidos para servirse en coctel, o camarón pacotilla, hasta los más grandes o jumbo, los cuales, al igual que los camarones grandes, a menudo se llaman langostinos en los Estados Unidos. Se clasifican por tamaño de acuerdo al número de camarones que hay en cada 500 g (1 lb): miniatura (100), medianos (25-30), grandes (16-20), y jumbo (10-15). Busque camarones regordetes, firmes y frescos; los camarones más frescos aún tendrán sus cabezas. Los camarones congelados por lo general son de mejor calidad que aquellos que estuvieron congelados y ya no lo están. Planee cocinar los camarones frescos dentro de las siguientes 24 horas a su compra y almacénelos en sus empaques originales, en la sección más fría de su refrigerador. Si refrigera camarones durante la noche, coloque el paquete en una bolsa de plástico con cierre hermético y almacene sobre cubos de hielo colocados en un refractario o simplemente coloque el paquete sobre empaques congelados para hieleras. Descongele los camarones congelados en el refrigerador o en una bolsa de plástico gruesa con cierre hermético sumergida en agua fría. Para retirar la piel y limpiar los camarones, vea la página 86.

LANGOSTA

Elija langostas vivas que arqueen su lomo y muevan su cola vigorosamente cuando las saque del agua. Deben envolverse en periódico húmedo y mantenerse dentro de una bolsa de papel abierta para transportarlas y almacenarlas dentro del refrigerador. Cocínelas en las siguientes 24 horas después de su compra.

Preparando langostas vivas: El método más humanitario para matar langostas vivas es primero sumergir sus cabezas en agua hirviendo; esto las mata rápidamente. Si planea cortar la langosta antes de cocinarla primero sumérjala en agua hirviendo y manténgala dentro de ella cerca de un minuto, hasta que esté flexible.

Limpiando langostas: En la siguiente página se muestran los pasos básicos para limpiar langostas y retirar su carne después de cocinarlas:

1 Gire la cola para desprenderla del cuerpo y rompa el caparazón.

2 Use tijeras de cocina para cortar a lo largo del cartílago sobre la carne de la cola, abra el caparazón y retire la carne en una sola pieza.

3 Retire el cuerpo del caparazón, deseche las agallas blancas del interior.

4 Rompa el cuerpo a la mitad y use un pincho o un tenedor para llegar a la carne que hay dentro del cartílago; también puede comer la sustancia blanca, la sustancia verde (hígado) y la hueva roja que pudiera tener una langosta hembra.

5 Retire y deseche el intestino oscuro que pasa por debajo del cuerpo y llega hasta la cola; también retire y deseche el saco verdoso del estómago que se encuentra a un lado de la cabeza.

6 Rompa las pinzas y sus articulaciones; abra las articulaciones y saque la carne, doble las pinzas más pequeñas hacia atrás para desprender y sacar su carne. Rompa las pinzas grandes para sacar la carne. Rompa las piernas, gírelas en las articulaciones y saque la carne.

ALMEJAS

Las almejas pueden tener valvas duras o suaves; las valvas "suaves" también son bastante duras, aunque son delgadas y frágiles. Las almejas de valva suave incluyen las almejas tipo steamer y la panopea (geoduck); las de valva dura incluyen las "littlenecks" y las almejas de Manila. Las almejas de valva suave pueden estar ligeramente abiertas, mientras que las de valva dura por lo general están bien cerradas; si no es así, deben cerrarse cuando se pica su músculo con un cuchillo. Almacene las almejas frescas en el refrigerador, envueltas en papel o colocadas en un tazón y cubiertas con un trapo y prepárelas dentro de las 24 horas siguientes después de haberlas comprado. Para refrigerar las almejas durante la noche, colóquelas sobre empaques congelados para hieleras. Aunque las almejas cultivadas tienden a ser arenosas y tienen que remojarse en agua salada antes de usarlas, la mayoría de las almejas criadas comercialmente sólo tienen que enjuagarse bajo el chorro de agua fría y tallarse ligeramente con un cepillo si tienen arena. Para retirar las valvas de las almejas, vea la página 90.

OSTRAS

Las ostras se pueden encontrar durante todo el año, pero son mejores durante los meses del invierno. Las ostras vivas deben estar firmemente cerradas cuando se compran. Si no puede llevarlas de la pescadería directo a su casa, lleve un recipiente con hielo para transportarlas. Almacénelas en el refrigerador, con la base curva hacia abajo y cubra con una toalla húmeda, hasta por 3 días. Para prepararlas en guisados, busque ostras que se venden en frascos de vidrio en el departamento de pescados de muchos supermercados; úselas en las siguientes 24 horas después de haberlas comprado.

Si necesita ostras frescas y no tiene mucho tiempo, llame a la pescadería, el día que planee servirlas, y pida que abran las ostras y las reserven sobre su base mientras usted va a recogerlas. Llévelas directo a casa y refrigérelas, cubriéndolas con plástico, en la parte de atrás del anaquel inferior del refrigerador y sirva en las siguientes 3 ó 4 horas.

CALLO DE HACHA

Estos delicados bocados vienen en dos presentaciones: callo de hacha grande de mar, el cual mide entre 2.5 y 5 cm (1-2 in) de diámetro y el callo de hacha pequeño de bahía, el cual mide aproximadamente 12 mm (1/2 in) de diámetro. El callo de hacha de mar es mejor para saltearse y asarse, mientras que el callo de hacha de bahía es bueno para sopas y salsas. El callo de hacha de mar fresco de la Costa Este a menudo es etiquetado como callo de hacha "day-boat" (lancha pesquera) o "diver" (de buzo); estos nombres significan que los callos de hacha no han sido congelados (un "day boat" o lancha pesquera regresa a la playa en 24 horas, por lo que el callo de hacha no se tiene que congelar). El callo de hacha del mar Atlántico, que es más grande, se puede etiquetar "al vacío" o "sin químicos". En cualquier caso, busque callo de hacha que no repose en líquido, ya que algunos se remojan en fosfatos para mantenerlos regordetes. El callo de hacha debe ser de color marfil, no blanco, y deben ser círculos irregulares y no perfectos. Retire el tejido duro localizado a un lado del callo de hacha antes de cocinarlo.

CANGREJO

Compre cangrejos vivos el día que planee cocinarlos, o no antes de 24 horas antes de cocinarlos. Almacénelos, envueltos en periódico en una bolsa de papel abierta, en la parte inferior de su refrigerador. Si debe cortar un cangrejo vivo, primero golpéelo: Coloque el cangrejo sobre una superficie de trabajo con la cabeza alejada de usted y detenga las patas y pinzas de cada lado con cada una de sus manos. Levante el cangrejo y golpee la parte inferior del caparazón, en el centro, contra la orilla de la mesa. Puede matar y cocinar parcialmente al cangrejo sumergiéndolo en agua hirviendo, cerca de 1 minuto, hasta que esté flojo.

Para limpiar un cangrejo de caparazón duro después de cocinarlo, jale y deseche los ojos y boca. Jale el caparazón superior y resérvelo. Retire y deseche las agallas, las cuales son las piezas blancas con forma de pluma a cada lado del cuerpo sobre las patas. Jale y deseche el intestino firme y encorvado que se encuentra sobre su torso. Voltee el cangrejo sobre su torso y jale la pequeña "coraza del pecho" que tiene arriba. Usando una cuchara, retire la "mantequilla" amarilla y blanca que tiene en el cuerpo y resérvela. Busque en el caparazón superior reservado la mantequilla de cangrejo que tiene en las orillas; reserve y use en su receta.

CALAMAR

El calamar, también llamado por su nombre italiano, calamari, es considerado un molusco aunque no tiene caparazón. Se cultiva desde la primavera hasta principios de otoño en la costa norte del Océano Pacífico y desde el invierno hasta la primavera en la costa sur del Océano Pacífico. El calamar se vende entero o limpio; el calamar limpio a menudo no tiene sus tentáculos ni sus sacos de tinta, pero son prácticos para usarse. El calamar se debe cocer rápidamente o guisarse hasta que esté suave, pues de lo contrario se harán chiclosos.

Para limpiar calamares, primero corte los tentáculos justo por arriba de los ojos. Presione el duro pico redondo al final de los tentáculos. Detenga la cola plana sobre una tabla para picar con una de sus manos, raspe el cuerpo con un cuchillo de chef, presionando fuertemente para retirar las vísceras. Detenga la cola, jale la agalla grande que sale del cuerpo. Enjuague el calamar a la perfección, por dentro y por fuera, bajo el chorro de agua fría. La piel no se tiene que retirar. Si una receta pide anillos de calamar, rebane el cuerpo transversalmente.

EQUIPO PARA PESCADOS Y MARISCOS

Use tazones o platos de cerámica o vidrio para marinar pescados, ya que el metal sin recubrimiento puede dar al pescado un sabor metálico. Elija platones ovalados o redondos para gratinar hechos de hierro fundido con recubrimiento de esmalte, cerámica o platones refractarios, ya sea en tamaño grande o individual, para cocinar platillos cremosos de pescados y mariscos. Los platones grandes también son útiles para marinar o asar pescados o mariscos. Si planea cocer un pescado grande al vapor es prácticamente esencial un hervidor de pescado, aunque los filetes se pueden cocer al vapor en una sartén pequeña para asar o una sartén grande para freír con agua hirviendo ligeramente. Se necesita un wok o un hervidor grande para cocer al vapor pescados enteros. Para saltear pescados muchas personas prefieren los antiadherentes, aunque el pescado no debe pegarse a la sartén si ésta está caliente y el pescado está bien cubierto de aceite o harina.

Las pinzas de punta o pinzas para pescado son los mejores utensilios para retirar las espinas, aunque también se pueden usar unas pinzas normales. Es muy útil tener dos espátulas rectas para pasar los pescados enteros o filetes enteros a la sartén y fuera de ella. Una espátula para pescados es una espátula recta con una cuchilla larga, delgada, flexible y ranurada, diseñada específicamente para pasar los delicados filetes de pescado a la sartén y fuera de ella. Una canastilla grande de alambre con forma de pescado, adaptada con una manija, es sumamente útil para asar pescados enteros y se necesitan unas brochetas de bambú o una canastilla para asar pequeños trozos de pescado y mariscos, como los camarones y callos de hacha.

UTENSILIOS PARA MARISCOS

Aunque se las puede arreglar usando cuchillos mondadores, destornilladores, martillos, tenazas y guantes para horno normales, si usa los utensilios adecuados hace que el servir y comer cangrejos, langosta y almejas sea más fácil. Algunos pescaderos y muchas tiendas de artículos culinarios manejan estos utensilios:

Cuchillo para almejas: Un cuchillo con una hoja corta y gruesa con punta redonda y filo en uno de sus lados.

Cuchillo para ostras: Un cuchillo con una hoja corta y gruesa con punta, pero desafilado en la punta y en uno de sus lados.

Mazo para cangrejo: Un mazo de madera para romper las patas del cangrejo; también puede usar un martillo y dar golpes suaves.

Pico para langosta y cangrejo: Utensilio largo y delgado de metal con dos diminutas prolongaciones en una punta, usado para sacar la carne de los rincones y puntas de los caparazones.

Abridor de langosta: Un utensilio de metal con dos manijas, similar a unas pinzas, que se usa para romper las pinzas y patas de la langosta.

Guante para abrir crustáceos: Un guante grueso de hule o metal usado para proteger las manos cuando se abren ostras o almejas.

COCINANDO PESCADOS Y MARISCOS

Los pescados y mariscos se pueden cocinar de diferentes maneras, pero hay una regla que se aplica a todos los métodos, desde el asado y rostizado hasta la fritura; no los sobrecocine. La mayoría de los pescados están listos cuando están opacos por todos lados; cuando el pescado se pica con un tenedor sus jugos deben ser blancos lechosos. Las únicas dos excepciones son el salmón, el cual está cocido cuando únicamente su centro está translúcido y el atún ahí, el cual por lo general únicamente se cocina término medio o medio rojo. La cámara pesquera de Canadá estableció hace varios años la regla que dice que el pescado se debe cocinar a 180° C (350° F) de 8 a 10 minutos por cada 2.5 cm (1 in) de grueso. Mida el pescado en su punto más grueso antes de cocinarlo y calcule el tiempo de cocción usando esta medida. La langosta se torna color rojo brillante al cocerse, mientras que el cangrejo se vuelve naranja brillante. Los camarones estarán listos cuando estén de color rosa por ambos lados. Los calamares deben cocerse muy brevemente, hasta que estén opacos (y ligeramente dorados si se asan o saltean) o durante mucho tiempo, para evitar que se endurezcan.

Retire los pescados y mariscos, especialmente los filetes y pescados enteros, del refrigerador 30 minutos antes de cocinarlos. Se cocinarán más uniformemente si están a temperatura ambiente.

ASANDO

La rejilla del asador de carbón o gas siempre debe limpiarse tallando con un cepillo de alambre para que los alimentos no se peguen. También debe engrasar la rejilla del asador con aceite antes de cocinar. Los pescados y mariscos se deben colocar de 13 a 15 cm (5 – 6 in) de distancia sobre el carbón caliente (muchos asadores tienen rejillas fijas a 15 cm /6 in de la base del carbón). Para juzgar el calor de un fuego de carbón use las siguientes claves: un fuego caliente brillará de color rojo a través de una capa ligera de ceniza blanca; un fuego medio brillará levemente de color naranja a través de una capa gruesa de ceniza blanca; los carbones de un fuego bajo no tendrán tonos visibles ni rojos ni naranjas, sino que tendrán una capa sólida de ceniza gris.

SIRVIENDO PESCADOS Y MARISCOS

Ya que los pescados y mariscos se cocinan muy rápidamente es mejor cocinarlos justo antes de servirlos; si no se sirven en cuanto están cocidos se pueden secar, o, si se mantienen en líquido se pueden sobrecocinar. La mayoría de los pescados y mariscos no saben bien si se recalientan, aunque el pescado horneado en una salsa cremosa algunas veces se puede recalentar con éxito. Sirva todos los pescados y mariscos cocidos sobre platones precalentados, ya que se enfrían rápidamente.

Cuando sirva cangrejos y langosta, será recomendable proporcionar servilletas grandes o incluso baberos a los comensales para evitar salpicaduras en su ropa causadas al romperlos y comerlos de sus caparazones. Los cíos también son indispensables cuando sirva estos platillos, al igual que las salseras individuales. Algunos otros platillos de pescado, como el pescado entero al vapor con una salsa de remojo, también necesitarán pequeñas salseras. El cangrejo se debe romper en la cocina antes de servirlo, usando un mazo de madera o un martillo, pero se deben proporcionar a los comensales ganchos para langosta o cangrejo o tenedores para pescado; sirva la langosta entera con un abridor de langosta o unas pinzas, además de ganchos para langosta.

RECETAS BÁSICAS

A continuación presentamos algunas recetas básicas que se usan en algunos de los platillos de este libro.

CALDO DE POLLO

4 ramas de perejil liso (italiano) fresco

1 rama de tomillo fresco

1 hoja de laurel

3 kg (6 lb) de pescuezos y rabadillas de pollo

3 tallos de apio, partidos a la mitad

3 zanahorias, sin piel y partidas a la mitad

2 cebollas amarillas o blancas, partidas a la mitad

2 poros, solo sus partes blancas y verde claro, limpios (página 114) y rebanados

Sal y pimienta recién molida

Envuelva el perejil, tomillo y hoja de laurel en un trozo de manta de cielo (muselina) y amarre con un hilo de cocina para hacer un bouquet garni.

En una olla grande para consomé mezcle el bouquet garni, pescuezos y rabadillas de pollo, apio, zanahorias, cebollas y poros. Agregue suficiente agua fría para cubrir los ingredientes (cerca de 3.5 l/14 tazas). Deje hervir lentamente sobre calor medio. Reduzca la temperatura lo más posible y hierva a fuego lento, sin tapar, durante 3 horas, retirando la espuma que aparezca en la superficie. Sazone con sal y pimienta al gusto.

Cuele el caldo a través de un colador de malla fina colocado sobre un tazón. Deje enfriar. Vierta en recipientes herméticos y refrigere por lo menos 30 minutos o hasta por toda la noche. Retire la grasa dura de la superficie y deseche. Refrigere hasta por 3 días o congele hasta por 3 meses. Rinde aproximadamente 3 l (3 qt).

ARROZ BLANCO AL VAPOR

Sal de mar

2 tazas (440 g/14 oz) de arroz blanco de grano largo

En una olla, hierva 4 tazas (1 l/32 fl oz) de agua. Agregue 1 cucharadita de sal de mar e integre el arroz. Reduzca el fuego a bajo, tape y hierva cerca de 20 minutos, hasta que toda el agua se haya absorbido y el arroz esté suave. Retire del fuego y deje reposar, tapado, por lo menos 5 minutos. Esponje con un tenedor antes de servir. Rinde 4 porciones.

CALDO DE PESCADO

4 ramas de perejil liso (italiano) fresco

1 rama de tomillo fresco

1 hoja de laurel

1/4 taza (60 ml/2 fl oz) de aceite de oliva extra virgen

1 cebolla amarilla o blanca, picada grueso

1 zanahoria, sin piel y picada grueso

2 tallos de apio, picados grueso

1/2 taza (125 ml/4 fl oz) de vino blanco seco

1 kg (2 lb) de huesos de pescado y trozos de pescado blanco

Sal y pimienta recién molida

Envuelva el perejil, tomillo y hoja de laurel en un trozo de manta de cielo (muselina) y amarre con un hilo de cocina para hacer un bouquet garni.

En una olla grande para consomé, sobre calor medio, caliente el aceite de oliva. Agregue la cebolla, zanahoria y apio y saltee 4 ó 5 minutos, hasta suavizar. Agregue el vino y desglase la olla, moviendo para raspar los trozos dorados de la base. Eleve la temperatura a media-alta y cocine hasta que el vino se haya evaporado casi por completo. Agregue 4 l (4 qt) de agua, los huesos y trozos de pescado y el bouquet garni y hierva. Cuando suelte el hervor, reduzca el fuego y hierva a fuego bajo, sin tapar, durante 30 minutos. Pruebe y sazone con sal y pimienta.

Pase el caldo a través de un colador de malla fina colocado sobre un tazón y deseche los sólidos. Deje enfriar. Vierta en recipientes herméticos y refrigere hasta por 2 días o congele hasta por 2 meses. Rinde aproximadamente 3 l (3 qt).

Caldo de camarón: Siga la receta anterior, sustituyendo los huesos y trozos de pescado por aproximadamente 8 tazas (250 g/8 oz) de cáscaras de camarón (langostino).

Caldo de langosta: Siga la receta para el caldo de pescado, sustituyendo el pescado por los caparazones de 2 langostas cocidas, rotas con un martillo.

GLOSARIO

ACEITE DE TRUFA Diminutas botellas de aceite de oliva infundidas con el sabor de trufas blancas suaves o trufas negras más intensas importadas de Italia. Rocíe ligeramente sobre alimentos cocidos como el risotto y la pasta para agregar el sabor natural de este apreciado hongo.

ALCAPARRAS Estos botones de un arbusto del Mediterráneo, preservados en salmuera, agregan un toque de sabor picante a los alimentos suaves como el pescado. Escurra y enjuague las alcaparras antes de usarlas.

CEBOLLÍN Estas puntas de color verde brillante parecidas al pasto, proporcionan color y un suave sabor a cebolla cuando se pican y agregan a platillos sazonados. Puede sustituir por rabos de cebollitas de cambray.

CILANTRO Esta hierba de color verde tiene delicadas hojas dentadas y un sabor único. Es una de las hierbas preferidas en las cocinas asiática, mexicana y del Medio Oriente, y a menudo se sirve con pescados. Almacene en el refrigerador sumergiendo las raíces en un vaso de agua y cubriendo las hojas con una bolsa de plástico.

CÍTRICOS El pescado y los cítricos parece que están hechos el uno para el otro. El sabor ácido del limón y otros cítricos resalta el suave sabor del pescado.

Naranja sangría: El color rosa profundo del exterior y el rojo claro u oscuro del interior varía, pero todas las naranjas sangría tienen un sabor agridulce a naranja y frambuesa. Búsquelas a fines del invierno y principios de la primavera.

Naranja Valencia: Una naranja jugosa que por lo general se puede conseguir durante todo el año, pero su temporada es durante el invierno.

Tangerina: Aunque la tangerina es un tipo de mandarina, este nombre comúnmente se le da a ciertas variedades de mandarinas pequeñas o grandes, las cuales tienen piel suelta y fácil de retirar y un intenso sabor. Las tangerinas son mejores a finales del invierno y principios de la primavera.

COMINO Una semilla aromática que se usa en las cocinas hindú, mexicana y del Medio Oriente para proporcionar un sabor ahumado a nuez a los alimentos. Se puede comprar en grano o molido.

CRÈME FRAÎCHE La tradicional crème fraîche francesa se hace con crema madurada sin pasteurizar; la fermentación natural le proporciona un sabor ligeramente ácido similar a la crema ácida. Busque crème fraîche en la sección de lácteos de su supermercado.

CHILES El picor de los chiles frescos contrasta con el sabor suave y dulce de los pescados y mariscos. Cuando corte chiles, evite tocar su cara. Lave el cuchillo y superficie de trabajo con agua jabonosa caliente.

Jalapeño: Los chiles jalapeños frescos, que pueden ser rojos o verdes, son picosos o muy picosos. Por lo general son más largos y anchos que los serranos.

Serrano: Los chiles serranos frescos, los cuales también pueden ser rojos o verdes, son muy picosos. Miden aproximadamente 4 cm (1 1/2 in) de largo y tienen una punta redonda.

FOCACCIA Este pan italiano denso y esponjoso se convierte en maravillosos sándwiches, ya sea fresco o tostado. Busque focaccia simple o con hierbas en las panaderías italianas, tiendas de delicatessen o tiendas especializadas en alimentos. Es mejor recién horneado, pero se puede congelar bien y refrescarse al tostarlo.

HUEVO, CRUDO El huevo crudo corre el riesgo de estar contaminado con salmonela, que puede infectar los alimentos. Este riesgo es mayor para los niños pequeños, personas en edad avanzada, mujeres embarazadas y aquellas personas con un sistema inmunológico débil. Si se preocupa por su salud no consuma huevos crudos; puede buscar un producto de huevos pasteurizados para sustituirlos.

JENGIBRE Este rizoma nudoso es un típico acompañamiento para pescados, especialmente en la cocina asiática. Busque jengibre firme sin decolorar. Para retirar la piel del jengibre corte un trozo pequeño y use la orilla de una cuchara grande para retirar la piel. Use un cuchillo de chef para cortar el jengibre en rebanadas delgadas; para rallarlo use un rallador de cerámica para jengibre o un rallador de metal con raspas pequeñas o pique fino con un cuchillo de chef.

JEREZ SECO Este vino fortificado, originario de España, varía en color y dulzura entre jerez seco o fino, y el dulce u oloroso. El jerez seco es de color dorado claro y tiene un ligero sabor a nuez.

MANTEQUILLA SIN SAL La sal se agrega a la mantequilla para mantenerla fresca durante más tiempo, pero la mantequilla sin sal tiene un sabor más dulce y puro. Para almacenar la mantequilla sin sal que no se vaya a usar aproximadamente en una semana, envuélvala en plástico grueso para congelación y congele.

MARSALA Este vino fortificado de Sicilia viene en versión seca y dulce. El vino seco es usado generalmente en platillos sazonados.

MEJORANA De sabor similar al orégano, pero más dulce y más suave, la mejorana se puede encontrar fresca en muchos supermercados y tiendas de alimentos. Es fácil de cultivar en casa.

NO REACTIVO Las sartenes de aluminio o hierro colado sin recubrimiento pueden decolorar algunos alimentos cocinados con ingredientes ácidos como los huevos o el jugo de limón. Cuando tenga alguna duda elija acero inoxidable, aluminio con recubrimiento o hierro con recubrimiento de cerámica.

PEREJIL DE HOJA LISA (ITALIANO) El perejil de hoja lisa se caracteriza por sus hojas lisas, grandes, planas y dentadas y tiene un sabor más fuerte que el perejil chino.

PIMIENTA BLANCA Los granos negros de pimienta que se remojan para retirar sus pieles y se convierten en granos de pimienta blanca, los cuales son muy cotizados entre muchos cocineros debido a que tienen un sabor más suave y su color pálido es más agradable en los alimentos de color claro.

PIMIENTA DE CAYENA Los chiles rojos de cayena, secos y molidos, dan como resultado un polvo brillante de color naranja rojizo que proporciona sabor a muchos platillos sazonados. Use una diminuta cantidad al principio y

auméntela de acuerdo a su gusto ya que es un ingrediente muy fuerte.

POROS Esta verdura alargada de la familia de la cebolla tiene un suave sabor a mantequilla cuando se cocina. Ya que los poros crecen en montículos de arena y tienen muchas capas atrapan arena fácilmente, tenga cuidado de lavarlos bien: corte el poro a la mitad longitudinalmente y enjuague bajo el chorro de agua fría mientras separa las hojas, o pique el poro antes de lavarlo y póngalo en un tazón con agua. Las hojas verdes son duras; en la mayoría de las recetas únicamente se usa la porción blanca y algunas veces las partes suaves de color verde claro.

SAL DE MAR Recogida de los bancos de sal ubicados a la orilla del mar, la sal de mar no tiene aditivos y es la favorita de muchos cocineros por su sabor puro y natural. Viene en granos finos y gruesos; elija sal de mar fina para agregar a la mayoría de los platillos. La sal de mar tiene una afinidad natural con el pescado.

SAL KOSHER La sal kosher es la favorita de muchos cocineros debido a que no tiene aditivos y a que sus granos gruesos son fáciles de recoger e imparten un sabor puro y salado.

TIPOS DE ACEITE

Ajonjolí asiático: A diferencia del aceite de ajonjolí claro, el cual está hecho de semillas blancas de ajonjolí crudo, el aceite de ajonjolí asiático, o aceite tostado, es oscuro y tiene un intenso sabor debido a que está hecho con semillas de ajonjolí tostadas. Use en pequeñas cantidades.

Aceite (Asiático) de Chile: Este aceite embotellado, que se puede conseguir en las tiendas especializadas en alimentos asiáticos y muchos supermercados, ha

tenido chiles rojos picantes remojados en él. Se puede refrigerar indefinidamente después de haberlo abierto.

Canola: Vea la página 93.

El aceite hecho de cacahuates se puede calentar a una temperatura bastante alta antes de que empiece a humear y por lo tanto es recomendado para sofritos y fritura profunda. Se usa tradicionalmente en la cocina China.

Aceite de oliva extravirgen: La primera prensada de aceitunas en frío proporciona este aceite de oliva bajo en ácido. También es el aceite más puro entre los aceites de oliva, con un sabor completo y afrutado. Se puede usar en todas las fases de la cocina, pero reserve los aceites embotellados en fincas para aderezos de ensaladas y otras preparaciones que no se calienten y use los aceites más baratos para saltear y freír.

SEMILLA DE UVA: Vea la página 93.

TIPOS DE PESCADOS

Atún: Las variedades de este pescado grande incluyen al albacore; ahí o atún aleta amarilla; aleta azul y el bonito. Todos ellos tienen una densa carne que varía en color desde los claros (albacore) hasta los muy oscuros (bonito). El atún ahí es conocido por su color rojo oscuro y su delicioso sabor.

Bacalao del Pacífico: El bacalao del Pacífico en realidad es un pez roca; al igual que el huachinango o pargo colorado del Atlántico y el mero rojo del Pacífico (en realidad pez roca), tiene una suave carne blanca y se puede cocinar en gran variedad de formas.

Bacalao Malvo: Aunque no es un bacalao auténtico, el bacalao malvo tiene una densa carne suave que es recomendada para asarse en la parrilla y escalfarse.

También mantiene su forma si se cocina en sopas y guisados.

Bagre: Un pescado de agua dulce de América del Sur, el bagre se presenta en la cocina afro-americana ("soul food") y en la cocina Cajún. A menudo se sirve frito o frotado con una mezcla de especias secas y "dorado" en una sartén con una pequeña cantidad de aceite.

Halibut: Un pescado plano grande que se encuentra tanto en el Océano Atlántico como en el Pacífico. El halibut del Atlántico es mucho más grande, pesa hasta 150 kg (300lb). El halibut tiene una suave carne blanca sin grasa que se presta para cocerse al vapor, hornearse o escalfarse.

Mero: La gran familia de los serránidos incluye al mero, mero negro, robalo rayado, pámpano, lubina y corvina; todos ellos tienen una suave carne blanca. Aunque el mero chileno del sur es una especie en extinción, por lo general se puede encontrar mero de California. El pámpano, que viene de la Antártica, también se puede encontrar durante todo el año.

Lenguado: Este es el nombre usado para muchos miembros de la familia de pescados planos, los cuales tienen ambos ojos en un lado de su cabeza. La mayoría de los pescados identificados como los lenguados, como la platija del Pacífico, limanda, lenguadina y meiga del Pacífico, en realidad son lenguados. Se pueden usar indistintamente en las recetas, aunque las lenguadinas son más pequeñas que los demás.

Mahimahi: Un pescado que se encuentra en las aguas tropicales de todo el mundo; gran parte de su crianza es cerca de Hawai. El mahimahi tiene una carne densa y dulce con un contenido moderado de grasa, lo cual lo convierte en un buen candidato para asarse a la parrilla.

Pargo colorado: El pargo colorado auténtico viene del Océano Atlántico y se ha abusado en su pesca. El pargo colorado que se vende en otros lugares a menudo es en realidad un pez roca. Ambos pescados tienen una suave carne blanca.

Pez roca: Pescado llamado pargo colorado en la Costa Oeste que en realidad es un tipo de rocacio que se parece al pargo colorado. El mero rojo y otros tipos de peces roca, al igual que el bacalao del Pacífico, se pueden usar indistintamente. Hay muchas variedades de pez roca en la costa del Océano Pacífico; tienen una suave carne blanca y se pueden cocinar usando prácticamente cualquier método, incluyendo el asado a la parrilla.

Salmón: Las diferentes variedades del salmón incluyen el salmón rey o chinook y el coho o plateado. Originario de agua dulce, vive en el océano y posteriormente vuelve a su lugar de origen para desovar. Cotizado por su densa carne de color oscuro, se ha abusado en su pesca. Aunque el salmón se cultiva ampliamente, existe la preocupación acerca de los efectos del cultivo de salmón sobre el medio ambiente y la calidad del pescado en sí. Siempre que le sea posible elija salmón silvestre, que es alto en aceite y bajo en colesterol y es alimentado de forma natural.

Tilapia: Este pescado de Costa Rica y Colombia es cultivado ampliamente en otros lugares y es fácil de encontrar.

Trucha: Un pescado de agua dulce con una carne blanca maravillosamente dulce, la trucha se encuentra fácilmente ya sea entera, sin espinas o en filetes. Busque también la trucha de carne rosa.

VERMOUTH Este vino fortificado se puede conseguir en rojo dulce, blanco dulce o blanco seco. El vermouth blanco seco es un ingrediente del clásico martini y también se puede usar para cocinar. Debido a su aroma herbal complementa los platillos de pescado. Se puede usar para las recetas que piden vino blanco seco.

VINO DE ARROZ CHINO Similar en color y sabor al jerez seco, el cual puede usarse como sustituto, el vino de arroz chino se consigue en las tiendas especializadas en productos asiáticos y muchos supermercados. El vino de arroz de la mejor calidad es del este de China y lleva el nombre del pueblo de Shaoxing.

VINAGRE Tener diferentes tipos de vinagre a la mano le permite hacer uso de sus diferentes sabores en los platillos de pescados y mariscos.

Arroz: Un vinagre delicado y aromático hecho de arroz fermentado. Al vinagre de arroz sazonado se le han agregado sal y azúcar.

Balsámico: Este vinagre italiano está hecho de mosto de uva hervido. El añejarlo en barricas de madera le proporciona un toque dulce; entre más tiempo se añeja, el vinagre se hará más espeso y será de una mejor calidad.

Champagne: El vinagre de vino blanco hecho con uvas de Champagne es más claro y suave que la mayoría de los vinagres de vino blanco.

Jerez: El vinagre hecho de jerez tiene un tono dorado claro y un sabor a nuez.

ÍNDICE

degustis

DEGUSTIS
Es un sello editorial de
Advanced Marketing, S. de R.L. de C.V.
Calzada San Francisco Cuautlalpan No. 102 Bodega "D", Col. Cuautlalpan, Naucalpan de Juárez
Edo. de México, C.P. 53370, México.

WILLIAMS-SONOMA

Fundador y Vicepresidente: Chuck Williams

WELDON OWEN INC.
Presidente Ejecutivo: John Owen; Presidente y Jefe de Operaciones: Terry Newell
Vicepresidente de Ventas Internacionales: Stuart Laurence; Director de Creatividad: Gaye Allen;
Editor de Serie: Sarah Putman Clegg; Diseñador: Marisa Kwek; Director de Producción: Chris Hemesath;
Director de Color: Teri Bell; Coordinador de Coedición y Reimpresión: Todd Rechner

Weldon Owen agradece a las siguientes personas por su generosa ayuda y apoyo en la producción de este
libro: Editor de Copias y Corrección de Estilo Sharron Wood; Editor Consultor Sharon Silva; Estilistas de
Alimentos y Props Kim Konecny y Erin Quon; Asistente de Fotografía Faiza Ali; Editor de Producción Joan
Olson; Corrección de Estilo Carrie Bradley; Índice Ken DellaPenta

Título Original: Seafood   Traducción: Laura Cordera L., Concepción O. De Jourdain
Pescados y Mariscos de la Colección Williams-Sonoma fue concebido y producido por Weldon Owen Inc.,
en colaboración con Williams-Sonoma.

Una producción Weldon Owen Derechos registrados © 2003 por Weldon Owen Inc, y Williams–Sonoma Inc.

Derechos registrados © 2005 para la versión en español: Advanced Marketing, S. de R.L. de C.V.
Calzada San Francisco Cuautlalpan No. 102 Bodega "D", Col. Cuautlalpan, Naucalpan de Juárez
Edo. de México, C.P. 53370, México.

Presentado en Traján, Utopía y Vectora.

Separaciones de color por Bright Arts Graphics Singapur (Pte.) Ltd.
Impreso y encuadernado en Singapur por Tien Wah Press (Pte.) Ltd./Printed and bound in Singapore by Tien Wah Press (Pte.) Ltd

2 3 4 5 6   05 06 07 08 09
ISBN 970-718-314-4

UNA NOTA SOBRE PESOS Y MEDIDAS

Todas las recetas incluyen medidas acostumbradas en Estados Unidos y medidas del sistema métrico.
Las conversiones métricas se basan en normas desarrolladas para estos libros y han sido
aproximadas. El peso real puede variar.